紅沙龍

Try not to become a man of success but rather to become a man of value.
~Albert Einstein (1879 - 1955)

毋須做成功之士，寧做有價值的人。 —— 科學家　亞伯．愛因斯坦

歐普拉・溫弗蕾
Oprah Winfrey

亞瑟・布魯克斯
Arthur C. Brooks

鍾玉玨──譯

打造你要的人生

歐普拉與哈佛教授談「更幸福」的藝術與科學

Build the Life You Want

The Art and Science of Getting Happier

我們將這本書獻給在人生旅途中的你。

願你一年比一年更幸福，

也帶給別人更大的幸福。

目次

推薦序　009
歐普拉自序　013
亞瑟自序　016
前言　阿賓娜的幸福秘密　021
幸福的秘密　024
前方的路　026
第1章　快樂不是目標，不快樂不是敵人　029
兩個有關幸福的迷思　030
幸福是什麼？　034
不快樂的角色與意義　040
每個人快樂與不快樂的組合因人而異　040
正面看待負面情緒　048
不只感恩蜂蜜，也要感恩叮人的蜜蜂　052

第1部　管理好情緒

歐普拉的話　057

第2章　後設認知的力量　061

你的腦，論情緒　063
基本情緒與複雜情緒　066
後設認知：管理你的情緒　068
當你無法改變世界，不妨改變對它的感受　070
如果你不喜你的過去，重寫吧　073
練習後設認知　076
現在，選擇你想要的情緒　079

第3章　選擇比較好的情緒狀態　081

感恩讓你快樂　083
找個理由大笑　088
選擇保持希望　092

將同理心轉化為理性的關懷　097
為他人打造更好的世界　102

—第4章—少關注自己　103
你實際上是兩個人　106
停止在意他人的看法　111
不要灌溉嫉妒的野草　116
準備進入下一個階段　120

第2部—追求真正重要的東西

真正重要的四件正事　125
歐普拉的話　129

—第5章—沒有完美的家庭　133
挑戰一：衝突　135
挑戰二：互補性不足　139
挑戰三：負面情緒病毒　144

挑戰四：寬恕　150
挑戰五：不說出實情　153
絕不放棄　156

第6章　深厚真摯的友誼　159
挑戰一：個性不合　161
挑戰二：過度功利　165
挑戰三：固執己見　170
挑戰四：不切實際的奇想　174
挑戰五：虛擬世界　180
以歡喜心為友誼付出　184

第7章　工作是具體可見的愛　187
挑戰一：工作目標　191
挑戰二：職涯發展路徑　196
挑戰三：工作成癮　199
挑戰四：工作與自我認同　203
具體可見的愛　208

第8章　找到你的奇異恩典　211
撰文討論信仰可是吃力不討好　214
你的靈性腦　216
挑戰一：你的猴子心智　219
挑戰二：開始行動　222
挑戰三：聚焦於他人的快樂而非自己的快樂　226
下一步　228
歐普拉的話　231
結　語　現在，輪到你當老師了　235
愈老愈有智慧也愈開心　237
最核心的基礎　238
謝辭　241
註釋　243

推薦序

關於該如何幸福，我選擇讀這一本

愛瑞克（TMBA共同創辦人、《內在原力》系列作者）

此書兩位作者都是我非常尊敬的先進。歐普拉是全球知名人物與意見領袖，亞瑟則是半年前我拜讀其大作《重啟人生》才得知，該書內容令我驚羨不已。從亞瑟的字裡行間，我十分確定他是世界上教導幸福快樂的專家，而且知行合一，當我閱讀他著作過程，多次湧現這樣的心聲：「我也想成為像他這樣的人。」

過去的我，曾在金融業打滾十六年，最後在投資研究分析部門主管職位裸辭工作，提早「退而不休」去實現自己的夢想（去幫助更多的人）。以往我曾參加過大大小小的研討會、投資講座，遇過許多企業高階主管和有錢人，但是，我知道他們有些人活得並不快樂。因為我是高敏人中的共感人，可以感受到有些人遠離了幸福快樂，而共感人生活中最麻煩的問題是，如果周遭的人都不快樂，自己也無法快樂。

我曾在金融業工作，並不快樂。但是我後來想通了，決心要聽從內心的聲音，去追尋真正的幸福快樂之道。自私一點地說，為了讓自己日子更好過，就得去幫助他人過得更好；冠冕堂皇來說，就是要奉獻自己的生命給社會。無論怎麼說，亞瑟說：「我發現，以這種方式教授大家幸福學不僅強化我的知識，也讓我更幸福快樂。」他在五十五歲辭去非營利機構的執行長一職，以寫作、演講和教授幸福學為目標。原來，我們做了相同的抉擇，走上了相同的一條道路！

然而，我們所使用的方法截然不同。亞瑟大量運用了他在學術領域的科學根據、實驗及研究成果；我則是以親身體驗，以及幫助許多個案走出低谷的實例，以作為他人的借鏡參考。顯然，亞瑟的方法更具公信力及通用性，但要從事這樣的研究及教學並不容易，他說：「天生幸福的人幾乎從不刻意研究幸福，對他們而言，這似乎無須研究，甚至不需要太動腦思考。」或許天生樂觀的人不會去研究該如何樂觀、左撇子的人不會再去探究如何用左手寫字，這造成兩難：能幸福快樂的人不研究此道，缺乏幸福快樂的人卻苦尋不著。

拜讀完此書，我確信亞瑟是專門研究此道，而且從中獲得自身幸福快樂的人，這便是此書珍貴難得之處！更難得在於，結合了歐普拉二十五年主持《歐普拉脫口秀》（*The Oprah Winfrey Show*）節目，訪問過形形色色人們的經驗，從中萃取出了許多人生智慧，並且把這些智慧融入了此書之中。兩位作者聯手合作，讓此書臻於完美，無論就科學或情感的角度上來看，皆令人讚佩！

市面上談論如何幸福快樂的書籍並不算少，但我確信《打造你要的人生》是我所讀過最喜歡的一本，誠摯推薦給每一位讀者！

活出幸福是一種能力，可以練習，但需要正確的指引。讓我們跟著幸福學專家，研究與實踐出我們獨特的幸福人生！

——**洪仲清**（臨床心理師）

歐普拉自序

我主持《歐普拉脫口秀》節目二十五年下來，諸多收穫之一是近距離目睹各式各樣的不幸，不誇張，真的是各式各樣、包羅萬象的不幸。受訪來賓有人因悲劇、背叛或失望而備受打擊。有的憤怒、有的懷恨在心。有的滿心遺憾、內疚、羞愧和恐懼。還有人竭盡所能用各種方式麻痺自己的不幸，但隔天醒來依舊被不幸籠罩。

我也親眼見證很多幸福。有人找到愛和友情。有人發揮他們的天分和能力行善。有人藉由無私的奉獻獲得回報。甚至有人捐腎給一個才剛認識的陌生人。有人靠精神層次豐富生活的意義。還有人獲得第二次重生的機會。

就觀眾的感受而言，生活不幸福的來賓通常會讓人同情；幸福的嘉賓則令人羨慕（或許還帶有一點酸葡萄心理）。此外，還有第三類來賓，觀眾不知要**如何**看待他們（到底是幸不幸福呢？），卻打從心底受到他們鼓舞：這些來賓有十足的理由覺得自己不幸，卻不認為自己不幸。人生若遇到不如意會轉念，把酸澀檸檬也能擠成有滋有味的檸檬汁；天空烏雲密布，會尋找烏雲縫隙透出的銀色光芒；看到半杯水的反應則是太好了，杯子裡還有半杯水，而非太可惜了，杯子只剩半杯水。這些總是樂觀看待不幸的人，讓我聯想到生命的小鬥士馬提．史提潘尼克（Mattie Stepanek）。馬提罹患罕見而致命的肌肉萎縮症（全名：神經機能障礙性粒線體肌病），然而他卻總能在逆境中找到平靜，在每次風暴後保持樂觀。他寫了很多優美的詩文，展現超齡的智慧，是我第一個在訪談後仍維持友誼的嘉賓。我以前總是叫他是我的天使。

一個患有致命疾病的男孩能否像馬提一樣快樂？同理，一位隨時與死神打交道的母親如何能過得平靜、目標明確又開心，並錄製數百通語音給她當時六歲的女兒，告訴她如何生活。還有一位辛巴威女性，她十一歲結婚，每天被毒打，然而她並未被絕望打倒，反而保持希望，偷偷定下目標，最後終於如願實現目標，包括取得博士學位。

這些人不僅能排除萬難起身下床，甚至還能成為光芒四射的人，他們是如何做到的？他們生來就這樣嗎？他們是否有什麼秘方或發展模式，該讓其他人知道？相信我，如果**真有**這樣的秘方或解藥，全世界肯定都想知道。在我主持節目的二十五年，幾乎每個觀眾在某種程度上都有一個共同點，那就是渴望幸福。如我之前所言，每次節目結束後，我都會與觀眾閒聊，也一定問他們生命中最渴望什麼。他們會說，想要幸福，只想要幸福，只想要幸福。

只不過當我問觀眾什麼是幸福時，他們突然變得不確定。他們會支支吾吾，最後說「減掉××磅體重」，或者「有足夠的錢支付帳單」，或是「我的孩子——我只希望我的孩子幸福快樂」。所以說到快樂或幸福，他們有具體的**目標**或**願望**，但無法清楚表達快樂或幸福的定義與模樣。鮮少人能給出真正的答案。

本書有答案，因為亞瑟．布魯克斯不僅鑽研這個問題，也親自活出這答案的樣貌。

我最初是閱讀《大西洋》雜誌時無意中發現亞瑟．布魯克斯的專欄「如何打造人生」（How to Build a Life）。在新冠肺炎疫情期間，我開始讀他的專欄，這專欄很快便成為我每週引頸期盼的事，因為專欄的內容全是我一直最關切的事：活出有目標和意義的人生。接著，我讀了他的著作《重啟人生》（*From Strength to Strength*），這是一本了不起的書，指導我們隨著年紀愈大，如何愈活愈開心。這個作家簡直就是我的知音，完全寫出我的感受和想法。

我顯然得和他聊聊。我正式和他交談時，立刻發現，如果當時我還繼續主持《歐普拉脫口秀》，一定會經常邀他上節目——他幾乎對節目討論的每個主題都能提供切中要旨又鞭辟入裡的見解。亞瑟渾身散發一種自信，講述幸福的意義時，態度篤定，令人安心又深受啟發。他能旁徵博引，也能具體而微談論我多年來一直在關注的這個主題：如何活出最好的自己，如何成為更好的人。因此我一開始就知道我遲早會以某種形式和他合作。現在答案揭曉，這本書就是我們合作的結晶。

亞瑟自序

「你一定天生就是個非常幸福快樂的人。」

我經常聽到這樣的話。別人這麼想，也算合情理，畢竟我在哈佛大學教授幸福學。在《大西洋》雜誌還有個定期撰文探討幸福快樂的專欄。我也在世界各地演講幸福學這門科學。所以大家以為我一定生來就比別人容易感到幸福和快樂，就像職業籃球運動員天生具備運動細胞一樣。我真幸運，對吧？

但幸福不像籃球，你並不會因為天生比別人容易開心而有優勢，自動能成為幸福專家，反之，天生幸福的人幾乎從不刻意研究幸福，對他們而言，這似乎無須研究，甚至不需要太動腦筋思考，因為幸福是自然而然的狀態，就像呼吸空氣一樣。

實際上，我寫作、演講和講授幸福學這門課，無非是因為幸福對我而言並非自然而然的狀態，而我想過得更幸福。如果不是因為我每天研究和努力實踐幸福，我的快樂水平（沒有經過任何努力在自然狀態下的基本水平）會明顯低於平均值。我並沒有經歷過巨大的創傷或非同小可的苦難。大家也無須為我感到遺憾。這只是家族的遺傳：我的祖父憂鬱，父親焦慮，如果我任其發展，我會憂鬱又焦慮。不信？只要問問已經陪伴我三十二年的妻子艾絲特就知道（她讀到這段話時頻頻點頭稱是）。所以身為一名社會科學學者，我的工作重點並非學術研究，而是探索**自己**。

如果你閱讀本書是因為你覺得自己沒那麼幸福，可能是你正在遭受什麼苦難，或是你的生活「表面上看起來」一帆風順，但總覺得不滿意或不稱心，那麼你就是我最能夠理解與產生共鳴的那種人。我們是心靈契合的有緣人。

二十五年前，我念博士班時開始研究幸福，我不知道學術的知識與理論是否會對我有所幫助。我擔心幸福的狀態並非透過研究或知識就能改變。也許它就像天文學一樣。我心想，你可以研究星星，但你無法改變它們。實際上，很長一段時間裡，我的學術研究對我的幫助不大。這方面的知識雖多，但一點也不實用，都是一些關於誰最幸福（以及誰最不幸）的觀察結果。

十年前，我陷入黑暗又風雨交加的人生低谷，艾絲特問了一個讓我改變思維的問題：「為什麼你不用上你那些複雜的研究，也許能從中找到辦法幫助你改變習慣？」明明是顯而易見的做法，對吧？但不知為什麼，我一直沒想到可以這麼做，既然艾絲特提了，我願意試一試。我開始花更多時間觀察自己的幸福水平，找出其中的模式。我研究自己痛苦的本質，以及自己可從痛苦得到哪些收穫。我根據這些數據設計了一系列實驗，諸如列出感恩清單、更頻繁地祈禱，以及在我感到悲傷和憤怒時（這種情況相當頻繁），採取與我平常習慣性反應相反的行為。

從這些練習中，我看到成效。實際上，效果驚人，所以我在工作之餘（當時負責管理一家大型非營利機構），開始在《紐約時報》撰寫有關幸福快樂的文章，並提供實用的練習，和大家分享經驗。然後有人開始聯繫我，表示幸福這門科學（轉化為實用建議）對他們也有幫助。我發現，以這種方式教授大家幸福學不僅強化我的知識，也讓我更幸福快樂。

不過顯然我想要的更多，因此，我決定轉換職涯跑道。在五十五歲時辭去執行長一職，打算以寫作、演講和教授幸福學為目標。我擬了一份簡單的個人使命宣言：

我致力運用科學與知識感染其他人，讓他們被愛與快樂包圍。

我接受哈佛大學的教職，開設了一門關於幸福學的課，很快就爆滿。接著我在《大西洋》雜誌開了一個關於這個主題的專欄，每週吸引數十萬讀者。我利用自己量化研究的專業背景，每週探討一個新的幸福主題，援引最新的心理學、神經科學、經濟學和哲學等知識。然後我把所學轉化成日常生活裡各種實驗，親自下海驗證。若有成效，我會教授給學生，並公開發表供大眾參考。

幾年下來，我的生活愈來愈進步。我觀察到大腦如何處理自己的負面情緒，並學會如何管理這些情緒，而不是硬要擺脫、消滅它們。我開始將關係看作是心和腦之間的互動結果，而非神秘、難以理解的現象。我開始練習那些在數據中看到、在現實生活中認識最快樂的一群人的習慣（包括一個非常特別的人——歐普拉，你將在接下來的前言中看到她）。同時，我開始收到來自世界各地讀者的信件，有些人沒沒無聞，有些人赫赫有名，他們與我一起學習，發現只要努力學習並應用所學，就能提升自己的幸福水平。

我做出這個人生重大改變後的幾年，整個人的狀態有了**顯著**提升。大家注意到我笑容變多了，說我工作似乎更帶勁。我的人際關係也比過去好很多。我還看到學生、企業領導者和一般芸芸眾生學習這些原則後，出現類似的進展。其中許多人曾經經歷過我未曾遇過的痛苦和哀慟，儘管面臨苦難，但他們仍可在苦難中活出幸福。而今我仍然會有很多低潮的日子，也還有很長的路要走，只不過我若覺得心情低落，我不但不會不安，還知道如何從中學習成長。我知道日子總有坎坷與風雨，但我不害怕，深信自己未來還會持續顯著地進步。

有時我會回想自己三十五歲或四十五歲的狀態，那時的我幾乎與幸福快樂無緣，對未來充滿無力感。如果現在五十九歲的我可以回到過去對年輕的自己說：「你將靠學習變得更幸福，並教導其他人幸福的秘訣。」過去的我可能會說，未來那個我瘋了。但這是真的（變得更幸福是真的，而非瘋掉的部分）。

現在我有幸與一位我從年輕時就非常欽佩的人合作，她用自身的影響力感染與感動了全世界數百萬人，讓他們被愛和快樂包圍：她就是歐普拉。我們第一次見面時，很快就發現彼此有相同的使命，儘管我們實現的方式各異——我在學術界，她在傳媒界。

我們合作這本書的宗旨是讓兩人的使命殊途同歸，希望讓各行各業的人認識幸福這門讓人稱奇的科學，讓他們能夠運用這些知識過得更好，並感染其他人。用簡單的話來說，我們希望幫助你明白，你並非只能無助地面對生活洪流；希望你讀了本書後，能更深入了解自己的心和腦的作業機制，進而打造你想要的生活。從個人內在的情緒開始，然後由內而外，擴及至你的家庭、友人、工作和精神生活。

它對我們有用，也可能對你有用。

前言　阿賓娜的幸福秘密

亞瑟寫道：阿賓娜．奎維多（Albina Quevedo）是我岳母，我愛她就像愛我親生媽媽一樣。她住在西班牙巴塞隆納一間小公寓，過去七十年來她一直住在這裡。臥室的裝潢簡陋，數十年未變：一面牆掛著她家鄉加那利群島的照片，另一面掛著一個簡單的十字架。自從兩年前摔倒後，她就一直擺脫不了疼痛，無法自己起身或走路，由於這個原因，她幾乎每天二十四小時都只能躺在床上，看著牆壁。她已經九十三歲，知道自己只剩幾個月的時間。

她的身體虛弱，但她的頭腦依舊靈活，記憶力仍然鮮明。她談起過去幾十年那些年輕時、健康時、剛剛結婚成家的時光。她憶起與已故好友一起參加派對以及到海灘戲水的日子。呵呵笑著懷念那些美好時光。

「和我現在的生活真是大不相同，」她說道。她的頭在枕上轉了一個方向，凝視著窗外，陷入沈思。然後她又轉過頭，對我說：「我現在比以前幸福多了。」

她看著我驚訝的表情，解釋道：「我知道這聽起來不合常理，因為我現在的生活似乎很悽慘黯淡，但這是真的。」她笑著說：「隨著年紀增長，我學會過得更幸福的秘訣。」

這下我全神貫注地聽著。

我坐在她的病床旁，聽她娓娓講述這輩子遭遇的磨難與試煉。一九三〇年代，還是小女孩的她，經歷了殘酷的西班牙內戰，有時得東躲西藏，以免被捕；挨餓是家常便飯，放眼所見盡是死亡和苦難。她的父親因為在內戰期間擔任戰敗方的外科醫生而被捕，入獄多年。儘管如此，阿賓娜總覺得自己的童年既幸福又快樂，因為她的父母愛她，父母鶼鰈情深，這份愛是她最清晰持久的記憶。說到愛情，就在她父親一壁之隔的牢房裡，她遇見未來的夫婿。

到目前為止，一切還算不錯。但接下來阿賓娜就開始吃苦了。夫妻兩人過了幾年美好的生活，並生下三個孩子，之後丈夫的表現讓人搖頭，拋妻棄子的他，不但不養家，還讓妻兒過上窮日子。被遺棄的阿賓娜既傷心還要獨自撫養孩子，壓力之大可想而知，經濟拮据的她有時不免擔心是否繳得出電費。

有好多年，她自怨自艾，認定只要老天繼續給她這麼一手爛牌，她就不可能過得開心。她幾乎每天看著小公寓的窗外以淚洗面。

誰忍心苛責她呢？她又窮又孤單，這種不幸的苦日子並非她個人造成的——而是被強加在她身上，她看不到改變的辦法。只要她的處境不變，她的不幸與痛苦就會繼續存在，過上更好的生活似乎遙不可及。

阿賓娜四十五歲時，似乎變個人似的。雖然她的朋友和家人並不清楚原因，但她對生活的態度似乎變了。並不是說她忽然不再孤單，或獲得一筆神秘的意外之財，但突然的，她停止等待外界改變來拯救她，而是決定自己的人生自己掌控。

她做出的最大改變就是去讀大學，希望日後成為一名教師。這並不容易。她一邊得養家餬口，一邊得努力念書，身邊都是年齡比她小一半的學生，蠟燭兩頭燒絕對讓人精疲力竭，但成功地改變她的人生。三年後，她以全班第一名的優異成績自大學畢業。

畢業後她走上熱愛的教書路，在經濟弱勢的社區作育英才，為貧困的兒童和家庭服務。自此她活出了自己，做自己真正想做的事，靠自己掙的錢撫養孩子，結交珍愛一生的摯友，這些朋友一直陪在她身邊直到她臨終——並在她的葬禮上不捨地拭淚。

阿賓娜的丈夫離家出走十多年後，有天想歸巢了；他們從未正式離婚。她考慮了一下，決定重新接納他——不是因為她需要，而是因為她想要。丈夫發現他離家十四年後，阿賓娜完全變了一個人：她變得更堅強，而且更開心。他們再也不曾分開過。到了晚年，他也變了，全心全意照顧妻子。他已在三年前過世。

阿賓娜跟我說：「我們幸福地牽手了五十四年。」接著笑著澄清道：「嚴格來說，我們結縭六十八年，減去那不開心的十四年。」

如今她已九十三歲，身體條件再次限制了她，但她的幸福不減反增。不僅我注意到這點；其他每個人也對她愈活愈幸福感到不可思議。

她在四十五歲走出谷底迎向更美好的生活，之後將近五十年愈活愈幸福，到底她有什麼幸福的秘密？

幸福的秘密

有些人可能會對阿賓娜的經歷酸言酸語，稱她是罕見的奇才，天生能將苦澀檸檬榨成檸檬汁。但她樂觀的生活態度並非天生的，而是透過學習與培養。她並非「天生幸福快樂」的人。反之，根據她自己的說法，在她決心改頭換面之前，有很長一段時間她非常鬱悶不開心。

有人可能認為她擅長「吹著口哨走過墓地」——故作鎮定地自欺欺人，對不幸視而不見。但這也並非實情。她從不否認自己遇到不幸，也不假裝自己沒有受苦。她非常清楚，人變老會活得很辛苦；失去朋友和摯愛會很傷心；生病會恐懼和痛苦。她並未視而不見這些現實好讓自己過得更幸福。

有件事改變了阿賓娜，讓她解脫重獲自由。實際上是三件事。

首先，在四十多歲的某一天，她突然有了一個簡單的想法。之前她一直相信過得更幸福需要外在世界先改變。畢竟，她認為問題來自外界（例如都怪自己運氣背或是因為他人的因素）。這種想法多少讓她感到安慰，但同時也讓她處於一種停滯不前的狀態。

後來她轉念一想，即使她無法改變所處的環境或現實，但說不定她可以改變對它們的**反應**。她無法決定世界對待她的方式，但也許她可以決定自己對它們的感受。也許她不需要等到難題或痛苦減輕才有所行動。

她開始找回對自己人生的主控權，以前她都只能被動地任其擺布。之前她覺得被拋妻棄子的丈夫、拮据的經濟狀況、孩子的諸多需求壓得喘不過氣，現在這種絕望與無助感開始降低。她想通自己的處境與外在現實並非她的主人，不該任其擺布她對生活的感受與心情，她才是自己的主人。

阿賓娜說，在此之前，她覺得自己彷彿受雇於一家爛透的公司，從事一份爛透的工作，永遠不得擺脫與翻身。但是現在她想通了，她才是自己人生企業的執行長。這並不是說，她只要輕鬆一彈指，生活就十全十美或無懈可擊（執行長也會遇到困境，也會受苦）。應該說，她對自己的生活擁有更多的自主權，而這可能會讓各種好事發生。

有了這個體悟後，阿賓娜接著調整自己的行為。她不再指望他人改變，而是專注她可以控制的人：她自己。和別人一樣，她也會有負面情緒，但她選擇有意識地了解並處理這些情緒，而非被本能的情緒主導她的行為與反應。她努力把不太有建設性的情緒轉化為積極的正面情緒，諸如感恩、滿懷希望、同理心、幽默感等等。她還努力將更多的注意力放在周遭的世界，而非自我的問題上。這一切都不容易，但透過練習，她變得愈來愈熟練。年復一年下來，愈來愈得心應手，愈來愈自然。

最後，透過自我管理，阿賓娜走出侷限，專注於打造擁有更美好生活的四大支柱：家庭、友誼、工作和信仰。她成功地經營自己，不再因為生活中不斷發生的危機而分心，不再被情緒控制。她選擇重新接納丈夫，兩人並不否認過去的種種，但是關係反而更健康穩固。她用愛澆灌與孩子的關係。她與友人建立深厚的友誼。她找到一份能服務群眾又有成就感的職業。她踏上靈性成長之路。此外，她也教導別人如何過上這樣的生活。

實踐這三個步驟，阿賓娜活出她想要的生活。

前方的路

如果你和阿賓娜同病相憐，或者因為其他原因希望提升自己的幸福感與快樂指數，那麼你並不孤單。美國的快樂指數正在走下坡。短短過去十年來，自稱「不太快樂」的美國人倍增，從十%竄升到二十四%。[1]憂鬱症患者的比例大幅成長，尤以青壯年人口最顯著。[2]自稱「非常快樂」的比例從三十六%下降到十九%。[3]這種趨勢也普遍存在於世界各地，而且在新冠肺炎疫情爆發前就已存在。[4]大家對於為什麼會出現如此大規模下降現象意見不一，有人歸咎於科技、兩極化的文化、文化變遷、經濟乃至政治因素，但無論如何，我們都知道這是現在進行式。

我們絕大多數人並無拯救世人走出不快樂困境的雄心壯志；覺得只要能幫到自己就心滿意足了。若我們不快樂是因為外部因素，該如何處理？當我們憤怒、悲傷或孤獨，我們希望他人更體貼地對待我們；我們希望財務狀況能改善；我們希望自己能轉運。陷入痛苦時，我們似乎只能不開心地等待，只能靠轉移注意力忘卻不適和痛苦。

本書就是要讓你知道，你能和阿賓娜一樣，打破上述模式。你也可以成為自己生活的主人，而不是只能做個旁觀者。你可以學習在面對逆境時自主選擇反應方式，即使拿到一手爛牌，仍可以選擇轉換情緒讓自己更開心。你可以選擇將注意力聚焦在能讓自己維持長久幸福、活出意義的支柱上，而非讓人分心的雞毛蒜皮小事。

你將學會用不同的方式管理自己的生活。然而不同於你可能讀過的其他書籍（我們也都讀過），本書不會鞭策你靠自己的意志力、單打獨鬥咬牙走出困境。這不是一本關於意志力的書，本書提供的是知識，以及如何應用這些知識。如果你的車子出問題或是你對它有什麼不明白的地方，你不會靠不屈不撓的意志力解決問題，而應該翻閱汽車使用手冊。同理，當你覺得不幸或不快樂，你首先需要的是清晰、有科學根據的知識，幫你理解快樂的運作機制，然後學習如何將這些知識應用到生活裡。這就是本書的重點。

這也不是又一本關於減輕或消除（你或其他人）痛苦的書。生活難免辛苦——對於一些人來說可能比其他人遭遇更多苦難，雖然這並非他們個人的錯。如果你正受痛苦折磨，這本書不會勸你靜待痛苦消逝或消滅它。反之，本書會告訴你，你可以決定如何面對痛苦，並從中學習和成長。

最後要強調一點，本書並非改善你生活的速效藥。對於阿賓娜來說，過得更快樂靠的是努力和耐心，對你來說也不例外。閱讀本書只是第一步。精進這些技巧，嗯，需要練習。有些進步可能立竿見影，很可能身邊的人會注意到你變得更幸福快樂（並向你請益）。其他的技巧可能需要幾個月甚至幾年才能內化，成為自然而然的習慣。這絕不是壞事，因為自我管理的能力一天天進步，這過程本身就是一趟充滿趣味的冒險。過得更幸福是一種全新的生活習慣和方式。

打造你想要的生活需要時間與努力。拖延代表明明沒有充分的理由，卻遲遲不行動，這會讓你錯過早日過得更快樂的時光，影響所及，也錯過感染其他人讓他們也能更開心地過日子。阿賓娜不願意這樣做——她不願意坐等宇宙改變，而錯過自己想要的生活。

如果你也不想一等再等，我們就開始行動吧。

第1章 快樂不是目標，不快樂不是敵人

二〇〇七年九月某個晚上，匹茲堡卡內基梅隆大學的大講堂座無虛席，講台上的教授笑得合不攏嘴，這是他的最後一堂講座。他開心地回顧這一生的工作表現、習慣發現他人的優點與長處、不斷地克服障礙也熱愛生活。他在台上精神奕奕、活力四射，簡直是嗨到難以自制。期間還一度趴到地板上，做了一組單手伏地挺身。[1]

他就是蘭迪．鮑許（Randy Pausch）教授，知名的電腦科學專家，備受卡內基梅隆大學學生與同事愛戴。你可能以為他在學校的最後一堂講座這麼開心，是出於他即將退休到加勒比海養老，或者被高薪挖角（這個更可能，畢竟他只有四十七歲）到其他地方擔任要職。但這兩個猜測都錯了。

這是他的最後一堂講座，因為他胰臟癌末期，只剩幾個月的生命。

大家不確定在這最後的演講上會聽到什麼。是悲憤生命短暫嗎？是遺憾一長串該做而來不及做的事嗎？當然，那晚很多人忍不住掉淚，但蘭迪沒有。他幽默俏皮地說：「如果我的表現

看起來不像大家預期的那麼悲傷或沮喪，抱歉讓你們失望了。」他謳歌生命，散發愛和歡樂，開心地與朋友、同事、妻子和他三個年幼孩子分享。

毫無疑問，蘭迪是非常開心的人。在九月的那個晚上，就連判他死刑的診斷書也無法掩蓋這個顯而易見的事實。接下來幾個月，只要身體允許，他盡情活出生命的精彩，並透過全國媒體（包括歐普拉的節目）激勵他人，同時在個人網頁發布他的身體狀態和治療近況，也會上傳家人值得紀念的重要活動照和許多個人開心的點滴。

二〇〇八年七月二十五日，他在家人和友人的陪伴下辭世。

在人生的最後幾個月，蘭迪做到大多數人認為不可思議的事：他在本應最辛苦、最陰暗的生命尾聲變得愈來愈快樂。他怎麼做到的？

兩個有關幸福的迷思

渴望幸福快樂並不奇怪。早在公元四二六年，神學家暨哲學家奧古斯丁（Augustine）就直言：「沒有人不渴望幸福。」[2]不管是當時或現在，這個說法完全無須證據佐證。如果你能找到一個人，自稱：「我不在乎幸福。」我們會說，那人要嘛活在幻想裡與現實脫節，要嘛在說謊。

聽到有人說「我希望過得幸福」，通常指兩件事：一，他們想要獲得（並維持）某種情緒狀態，諸如喜悅、愉快或其他類似的感覺。二，他們認為有一些障礙阻礙他們獲得這種感覺。說完「我希望過得幸福」，後面幾乎總跟著「但是……」。

以克勞蒂亞為例。她是紐約一家公司的經理，現年三十五歲，已和男友同居五年。他們相愛，但男友一直不肯承諾娶她共度一生。克勞蒂亞覺得自己無法規畫未來——不知道未來會住哪裡、是否會有孩子、職涯的發展等等。這讓她沮喪、無所適從。她想要幸福，但她覺得，除非男友做出承諾，否則她不可能開心。

再以萊恩為例。他原本以為上了大學會交到一輩子的好友，以及確定自己的職涯目標。然而事與願違，大學畢業後，他反而比入學時更困惑。他現年二十五歲，背負數千美元學貸，不斷跳槽換工作，感到前途茫茫缺乏目標。他希望有天能遇到合適的機會，讓他能確立自己未來的目標與方向，到那時他應該會開心幸福吧。

瑪格麗特五十歲。十年前，她認為自己已把一切都想通想明白——當時她有份兼差工作，孩子念中學，她還積極參與社區活動。但自從孩子成年離家後，她開始焦躁不安，看一切都不順眼。她瀏覽房屋買賣平台Zillow，心想搬家也許有助於改善現狀，因為聽說巨大改變是幸福的良藥，只不過她不知道什麼樣的改變才是對症下藥。

最後是泰德。他退休後，沒有一個真正交心的朋友。他與之前的所有同事都失去聯繫。他失婚多年，子女成家後，專心打理自己的家庭。有時會讀書，但多半都靠看電視打發時間。他覺得生活若能多和其他人互動，他應該會快樂些，但他似乎找不到人。

克勞蒂亞、萊恩、瑪格麗特和泰德就是跟我們一樣的普通人，碰到的問題與煩惱既不特殊也不惹人議論（實際上，他們綜合了我們在現實生活中遇到或共事過形形色色人的各種處境）。他們面對的難題是我們每個人都可能遇到的問題，這些問題並非什麼嚴重的大錯或愚不可及的豪賭所致。他們對幸福和生活的想法與一般人無異——只不過是錯的。

克勞蒂亞、萊恩、瑪格麗特和泰德的心理狀態無非是「我渴望幸福，但是……」。拆解後會發現這個心態建立在兩個前提上：

一，我可以找到幸福……

二，……但是外在環境讓我不幸福。

上述想法聽起來雖然有力，其實都不成立。你不會找到幸福（you can't be happy）——但你**可以**變得更幸福（you can be happier）。實際上，你所處的環境和導致你不幸福的原因，**不**必然能阻止你轉換心情。

為什麼我們說你不可能找到幸福，原因如下。追尋幸福猶如勇闖南美洲尋找傳說中的「黃金城」（El Dorado），至今還沒有任何人找到它。當我們尋找幸福時，過程中可能會模糊地感受到幸福的滋味，但這種感覺只是驚鴻一瞥，無法持久。說到幸福，有人稱自己是幸福的人，被社會認為擁有一切的人，如富豪、俊男美女、名人、有權有勢的人等等，理應是絕對幸福快樂的人，最後往往因為破產、個人醜聞和家庭糾紛登上新聞版面。有些人的確比其他人快樂，但沒有人可以一直保持快樂狀態。

如果存在百分百幸福快樂的秘密，我們早就應該找到了。這秘密將成為龐大的產業與商機，在網路上熱銷，被各個學校納入教材，甚至可能由政府贊助提供。但實際上幸福快樂的秘密並不存在。這有點奇怪，不是嗎？三十萬年前智人在非洲大陸出現以來，人類一直想要幸福，但至今對大多數人而言，幸福仍難以捉摸。人類締造一系列重大成就，從生火、發明輪子、登陸月球、乃至拍攝抖音影片等等，儘管有這麼多的智慧結晶，至今仍無法掌握「**真正**想要的那一樣東西」的竅門和知識。

追根究柢是因為幸福並非最終目的地，而是**方向**。人生在世，找不到百分之百的幸福，但無論大家現在過的是什麼樣的生活，我們都能變得**更幸福**，然後再更幸福，並持續朝著更幸福的方向前進。

這輩子不可能有百分之百的幸福，也許聽起來令人失望，不過實際上這可是再好不過的消息，意味我們終於可以死心，停止尋找實際上不存在的消失國度，也不用再懷疑自己是否有什麼問題，所以才與幸福快樂無緣。

我們不用再認為是自己個人的問題，所以達不到幸福快樂的狀態。就算外在環境再理想，也給不了我們想要的極致幸福感。同理，就算外在環境再惡劣，也阻止不了你變得更幸福。實情是：即便你遇到問題，你還是能過得更幸福。甚至某些情況下，就**因為**你遇到難關才讓你變得更幸福。

讓很多人陷入困境以及不幸福的真正元兇，並非生活中的各種難關，而是上述兩個錯誤看法。一，我們渴望不存在的東西；二，認為直到所有問題與障礙消失，自己的狀態才可能改善。這兩個迷思始於大家一開始就對「**幸福是什麼？**」這個看似無害的問題給了錯誤的答案。

幸福是什麼？

假設你要求某人定義什麼是汽車，她思考了一下，然後說：「汽車就是……嗯，我坐在椅子上的感覺，感覺像是去採購生活用品時坐的椅子。」你應該覺得她其實根本不懂車吧。當然你壓根兒不會把**你的車**借給她開。

然後，你請她定義什麼是船。她思考了一會兒，然後說：「它不是汽車。」

這回答荒謬可笑，但奇怪的是，當我們要求某某為幸福和不幸福下定義時，通常得到的就是這種讓人啼笑皆非的答案。你不妨自己試一試，可能會得到類似以下的回答：「幸福是……

嗯，我猜它是一種感覺……像是和我所愛的人在一起，或是做我喜歡的事那種感覺。」那麼不幸福呢？「就是沒有幸福的感覺。」

人無法變得更幸福，最大原因是不知道自己想多要些什麼。他們陷在不開心的狀態，主因是無法清楚定義什麼是幸福。如果這也是你的問題，不要覺得太難過。大多數人都有這個困擾，他們談論幸福的感覺，或是使用平淡制式化的比喻，例如「陽光照進我心」（sunshine in my soul）這句長老教會聖歌裡描述幸福愉悅的歌詞。[3]

即使古代哲學家也難以就幸福的定義達成共識，例如伊比鳩魯和艾比克泰德（Epictetus）對幸福的看法相持不下。

伊比鳩魯（三四一－二七〇 BC）領導了以他名字命名的思想學派——伊比鳩魯學派。他主張幸福的人生需要兩樣東西：ataraxia（遠離煩心的困擾）和 aponia（肉體沒有痛苦）。一言以蔽之，他的核心主張也許可以這麼解讀：「如果發現令人恐懼或痛苦的事，就遠離它。」伊比鳩魯學派認為，導致身心不適的東西往往是負面的，因此要過上更幸福的生活，關鍵在於消除威脅與問題。伊比鳩魯信徒並非懶惰或沒有動力，只是不認為忍受恐懼和疼痛在本質上有必要或對身心有益。他們專注於享受生活。

過了大約三百年，斯多葛學派最知名的哲學家之一——艾比克泰德認為，幸福來自於找到人生目標，接受自己的命運，即使犧牲個人利益也要謹守道德原則。他不太同意伊比鳩魯學派追求歡娛和舒適的主張。他的核心哲學可以概述為「堅守立場，盡己之責」。奉行斯多葛主義的人認為，幸福快樂是靠吃苦與犧牲掙來的。難怪斯多葛學派的信徒多半努力工作，為未來而活，願意付出相當大的代價實現他們（所理解的）人生目標，而且任勞任怨。他們認為獲得幸福的關鍵在於把吃苦當吃補，不會竭力迴避痛苦和恐懼。

如今，我們仍習慣根據伊比鳩魯派（享樂主義）和斯多葛派（禁欲主義）將人分類，有人靠追求感官享樂獲得快樂，有人靠履行義務和責任得到幸福。相關定義隨著進入不同的國家和地區，不斷繁衍增生，愈來愈多元。舉例而言，學者發現，西方和東方文化對於幸福的定義有明顯的差異。[4]在西方，幸福的定義通常圍繞追求刺激和成就。在亞洲，幸福多半強調內在平靜和滿足。

幸福的定義甚至取決於它的語源。在日耳曼語系的語言，幸福快樂源於與運氣或好運相關的字詞。[5]實際上，**幸福**（happiness）的字根出自古諾斯語（Old Norse，日耳曼語系的一支）的happ，意為「運氣」。[6]以拉丁語為基礎的語系，幸福的字根出自felicitas，在古羅馬時期意思是好運、成長、豐饒和繁榮。[7]其他語言對幸福還創造了專有名詞，丹麥人常用hygge一詞形容幸福的狀態，代表舒適愜意的生活。[8]

如果幸福快樂真是這麼主觀的感受，甚至更糟，是時時刻刻在變化的感受，那麼研究幸福快樂無異是把果凍釘到牆上般辦不到的事。而我也不用長篇大論書寫這本書，只須告訴大家四個字：**祝好運嘍**（或者說祝happ嘍）。

所幸我們今天能做的比以前更好。不同文化確實對幸福快樂有不太相同的定義，這也是何以你在新聞看到的各國快樂指數排行榜其實並不是非常有用或有十足的說服力。的確，感受與幸福有關。你的情緒狀態會影響你的幸福程度，而你的幸福程度會影響你的情緒。但這並不表示，儘管文化不同，人與人之間沒有共同的交集，也不代表幸福**是**一種感受或感覺。

若要對幸福下定義，不妨列出幸福的組成元素。例如，若請你定義感恩節晚餐，你可能會列出晚餐的菜色，諸如火雞、填料、甜薯等等。如果你廚藝不錯，可能會列出所需的食材。或者，如果你重視營養成分，你可能會說感恩節晚餐（事實上所有飲食）都由三大巨量營養素組成：**醣類**（碳水化合物）、蛋白質和脂質。要做出一頓美味又健康的晚餐，需要平衡這三大營養素。

這頓晚餐還會讓滿屋子充滿讓人垂涎的香氣，但你不會說食物香氣**等於**感恩節晚餐，而應該說香氣**佐證**晚餐存在。同理，幸福的感受並不等於幸福本身；它們只能**佐證**幸福存在。一如感恩節晚餐，幸福快樂本身也可用三種「巨量營養素」成分加以定義，在你的生活中，這三要素既要保持平衡，不能顧此失彼，量也要夠充分。

幸福快樂的三大巨量營養素是享受、滿足和目標。

首先是**享受**（enjoyment），可能聽起來與愉悅（心情好）差不多。然而，兩者是有區別的。愉悅是動物性；享受則是人類所獨有。愉悅來自大腦負責獎勵的腦區，獎勵我們做了有助於人類生存與基因繁殖的行為，比如進食和性行為等（今天讓我們產生愉悅的東西——從物質到行為——往往被不當使用或濫用，導致問題叢生）。

享受包含對愉悅的渴望，但還多了兩個重要元素：連結和心智思考。例如，感恩節的美味佳餚填飽你的肚子，讓你感到愉悅，但也讓你非常享受，因為你與親人共進晚餐（交流），一同創造溫馨的回憶（思考），交流與思考都用到較多認知功能的腦區。愉悅比享受更易獲得，但我們不該僅滿足於感官愉悅，因為愉悅既短暫，又只是一個人的感受。所有成癮現象都涉及愉悅，而非享受。

若要更幸福快樂，你不該止步於感官上的愉悅，而應將其昇華為享受。當然，這涉及一定的代價。享受需要投入時間和努力，意味得放棄簡單、唾手可得的刺激，以及對渴望和誘惑說不。有時，要進入享受狀態並不容易。

幸福快樂的第二個巨量營養素是**滿足**。例如成功實現你努力的目標，心中充滿那種興奮之情。或是你在校成績科科拿A，在職場成功升遷，你也會有這種滿足感；當你終於買到房子或結婚成家時，同樣會覺得心滿意足。這是你在迎戰困難甚至可能是痛苦挑戰時的感覺，但這些事符合你所認定的生活目標，所以你會有一種滿足感。

滿足感真的很爽，但不付出努力和犧牲，無法獲得。如果你不為某事吃苦（至少吃一些苦），你不會從中獲得任何滿足感。例如你為一個考試努力苦讀整整一週，並且得到不俗的成績，這會給你很大的滿足感。但如果你靠作弊獲得同樣高的好成績，除了做錯事，你可能根本不會有任何滿足感。所以生活中一味地走捷徑是糟糕的策略之一，它剝奪你獲得這種滿足感的能力與機會。

雖然滿足感能讓你充滿喜悅，但它同時也非常難以捉摸：你可能認為，成功達到目標會獲得永久的滿足感，其實這個滿足感只是暫時的。英國知名滾石樂團在一九六五年有首超夯單曲〈（無法）滿足〉（〔I Can't Get No〕Satisfaction〉，但實情並非如此：你**可以**獲得滿足感；只不過滿足感是暫時狀態，無法**永遠保持**。這現象極其令人沮喪，甚至有些痛苦，我們拚了命地努力，一旦成功陷入狂喜，但這感覺瞬間就被剝奪。這就是為什麼滾石樂團主唱米克·傑格（Mick Jagger）唱出——我們努力再努力，希望保持它，反映心理學家所謂的「享樂跑步機」（hedonic treadmill）現象。因為我們一旦完成目標，會迅速適應這種感覺，亦即滿足感又回到之前的水平，所以必須持續奔跑，才能讓滿足感維持在高點。[9]這現象在追求俗世的目標，如財富、權力、歡娛和地位（或名氣）時，尤其明顯。

幸福快樂的第三個巨量營養素最重要：**目標**。我們可以暫時忍受生活沒有享樂，甚至沒有太多的滿足感，然而如果欠缺目標，會完全迷失無所適從，無法因應生活中不可避免的困惑和困境。反之，生活有了意義和目標，我們能帶著希望和平靜心，自如地面對生活。

那些領悟生命意義的人常常在受苦中找到生命的意義。這是納粹集中營倖存下來的精神科醫師維克多．弗蘭克（Viktor Frankl）的觀點，我們將在下一章遇到他。在他的經典回憶錄《活出意義來》（*Man's Search for Meaning*）中，他寫道：「一個人接受命運和所有苦難的方式，以及他背負十字架的方式，都提供了他活出生命更深刻意義的充分機會——即便在最困難的環境下也是如此。」[10] 常見大家嘗試消除生活的苦難，讓自己變得更幸福快樂，這做法徒勞而且錯誤；反之，我們應該找出生命的意義，化受苦為成長的機會。

不快樂的角色與意義

幸福快樂結合享受、滿足和目標三大要素。要活得更幸福快樂就要獲得更多這些元素，而且三者必須平衡，不能全是其中一個元素，而另一個元素則掛零。但如果你仔細閱讀，會發現一個有趣的現象：**這三個元素多少都包含不快樂的成分**。享受需要付出努力以及放棄享樂；滿足需要犧牲而且無法持久；目標與受苦幾乎是形影不離。換句話說，若要活得更幸福，需要接受生活中讓人不快樂的事情與狀況，以及理解這些不快並非阻礙我們獲得快樂的障礙。

如果你覺得這聽起來不合常理，你並非唯一，很多人和你有一樣的想法。直到二十世紀中葉，不快樂（不幸福）一直被視為是快樂的反面，類似光明和黑暗二元對立的關係。心理學家認為，正面和負面情緒是一個連續存在的狀態。例如，你在失去家人或受到創傷之後，隨著時間，漸漸感覺「沒有之前傷心」，同時也代表你的心情「比以前好」。[11]

如果你希望過得更快樂，必須減少不開心。如果你的快樂指數在下降，不快樂指數就會上升。

然而，實際上，快樂和不快樂的情緒可以同時存在。此外，現代心理學的研究顯示，正面和負面情緒實際上可以分開，這讓我們可以得出以下結論：快樂**並非**消除不快樂[12]（別忘了，快樂狀態和快樂感受是兩回事，不過兩者猶如晚餐和晚餐的味道一樣相互影響）。首先，一個人可以只感受到正面情緒而未感受到負面情緒，反之亦然。此外，一個人可以同時感受到正負兩種情緒。再者，一個人或許可以迅速地從正情緒轉變到負情緒，反之亦然。一些神經科學家認為，快樂和不快樂的情緒很大程度上對應於大腦左右半球的活動，負面情緒與左臉（右腦區）的活動相關，正面情緒與右臉（左腦區）的活動相關。[13]

人通常形容自己的感受是五味雜陳，各種情緒交織。「我感覺不錯」代表快樂大於不快樂。然而，當你被人指示分析自己現在的感受時，卻可以相當精準地區分自己是處於正面還是負面的情緒狀態。例如，在一個實驗中，研究員發現受訪者能夠在大部分的情況下（約九十％）區分自己的情緒與感受。[14]他們將自己的心情與感受純粹歸類到正面狀態的佔比約為四十一％，純粹為負面狀態的佔比大約是十六％。其餘的佔比（三十三％）則是介於正負情緒之間。整體而言，受訪者有五十%的機率，覺察到自己是處於負面感受的狀態；而有三分之二的機率，確認自己是正面情緒狀態。亦即正面情緒在某種程度上比負面情緒更易被辨識和察覺。

在另一個實驗，受試者被要求回顧一整天做了什麼活動，然後思考每個活動帶給他們正面還是負面的「情緒」（affect），亦即感受，他們只能二擇一，不能將正負感受交織混合在一起。[15] 整體而言，受試對象的正面感受要多於負面感受，但這在很大程度上取決於活動本身。有些活動（例如社交），帶給受試者的正面感受遠高於負面感受。另一些活動（例如照顧孩子或工作）則相對複雜，正負感受皆有。至於造成最負面（正面情緒最弱）的活動是通勤以及與上司共處（顯而易見，千萬別和上司一起通勤）。

上述實驗意味，你可能同時非常快樂**和**非常不快樂，或者反之亦然。快樂並不會受不快樂影響，兩者並無必然依存的關係。雖然區分正負感受聽起來可能多此一舉，但實際上這是一個至關重要的觀點。如果你認為必須先消除讓你不快樂的感受才能讓自己變得更快樂，你恐怕會被日常生活中完全正常的負面情緒無端拖累，而錯過了解**你自己**的機會。

每個人快樂與不快樂的組合因人而異

每個人在生活中都會經歷快樂與不快樂的感受，這些正負情緒自然地交織在一起，由於每個人的個性和所處環境不同，所以正負感受的組合也因人而異。說到底，我們的任務是善用自己獨特的組合，將其發揮到極致。第一步是了解自己實際上處於什麼樣的情緒狀態。

到底你的快樂—不快樂組合狀態是什麼模樣，可使用「正負面情緒量表」（Positive and Negative Affect Schedule，簡稱PANAS），測量正負面情緒的水平，並與其他人的測量結果做一比較。這量表在一九八八年由南衛理公會大學（又譯南美以美大學）和明尼蘇達大學三位心理學家共同設計，專門用來評估正負向情緒的強度和頻率。[16] 測量結果可顯示你的情緒傾向，是否比一般人（平均值）更常出現較高或較低的正負情緒狀態。

接受量表測試時，請找出一天中情緒相對中立（平穩）的時段——比如午餐後，不要選擇壓力特別大或特別開心的時候進行。量表會詢問你對一系列不同情緒的感受強度，作答時，請整體性考量你的感受強度，而不是根據此時此刻的狀態。

對於每種情緒，你有五個可能的評分：

1＝非常微弱或幾乎沒有

2＝一點點

3＝中等程度

4＝相當多

5＝極端強烈

請對以下二十種情緒評分：

1. 有興趣
2. 煩惱
3. 興奮
4. 生氣
5. 堅強
6. 內疚
7. 恐懼
8. 敵意
9. 熱情
10. 自豪
11. 易怒
12. 警覺

13. 慚愧
14. 受到鼓舞
15. 緊張
16. 堅定
17. 專注
18. 不安
19. 主動積極
20. 害怕

現在，把編號1、3、5、9、10、12、14、16、17、19的評分加起來，算出你的正向情緒總分。然後把編號2、4、6、7、8、11、13、15、18、20的評分加起來，算出負向情緒總分。

如果你的正向情緒總分和負向情緒總分都剛好接近平均值（正向情緒約三十五分，負向情緒約十八分），那麼你屬於非常特殊的個案。除非你是這種罕見的特例，否則你會落入四個象限中的其中一個，如圖1。[17]如果你的正向情緒高於平均值，負向情緒也高於平均值，你會被歸在「科學狂人」這個象限，老是對一些事或現象激動興奮不已。如果你的正向情緒和負向情緒

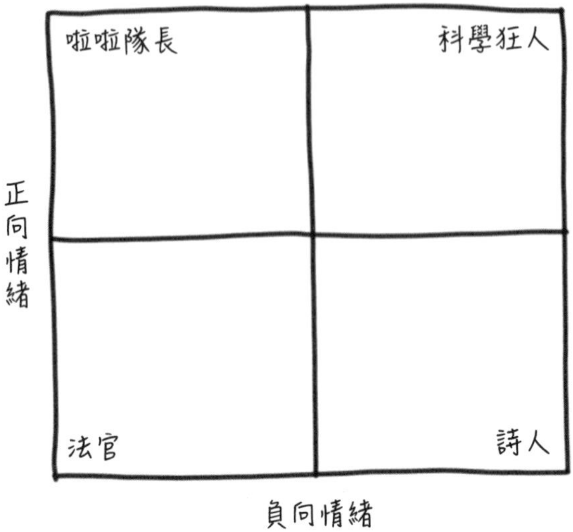

圖1　根據正向與負向情緒，將人分為四種類型

都低於平均值，你會被歸在沈著冷靜的「法官」象限。而「啦啦隊長」屬於正向情緒高於平均值，負向情緒低於平均值的人，習慣樂觀看待一切，不會老想著不好的事。「詩人」的正向情緒低於平均值，負向情緒則高於平均值，這類人無法好好享受人生，總是能夠警覺到潛在的威脅。

不用說，我非常明白你希望自己落在「啦啦隊長」的象限裡，但我們不可能每個都是啦啦隊長，世界也需要其他的人格特質。經過片刻反思後，你可能會發現，如果每個人都只看到事情的光明面，將是一場噩夢，因為我們將一遍又一遍地犯下同樣錯誤。詩人靠著觀點和創意為世界增色不少（似乎每個人穿上賈伯斯式的黑色高領毛衣看起來都一副才子樣）。有了科學狂人，生活變得更有趣。法官防止我們因為一時衝動的想法而自取滅亡。

你有別人無法取代的獨特角色，你的個人特質是上天賜給你的禮物。但無論你個人特質是什麼，都有機會提高你的快樂指數與幸福感。要做到這一點，你需要了解自己天生的情緒象限，做好情緒自我管理，發揮這特性的優勢。假設你是「科學狂人」，你往往會對生活遇到的事情做出非常強烈的反應，無論是好事還是壞事皆然。這可能會讓你成為派對的焦點與靈魂人物，但也可能讓你的親人和同事感到疲憊不堪。你需要知道自己這個特點，有效管理自己的強烈情緒和反應。

也許你像「法官」，冷靜自若，非常適合外科醫生或間諜之類的工作（或者需要保持冷靜頭腦的任何一種職業，例如撫養青少年）。但在朋友和親人面前，你有時可能讓人覺得不夠熱情。有了這個認識，對你幫助不小，例如你會為了他人的緣故，努力表現出比平時自然狀態下稍多的熱情。

或者你是「詩人」。當所有人都說一切進展順利的時候，你會潑冷水地說：「不要驟下結論。」這一點很重要，因為天有不測風雲，一個意外可是會牽涉到人命（包括字面上與比喻上的意思）。「詩人」搶在別人之前意識到問題，但有時這可能讓你變得悲觀，難以相處，可能還有憂鬱傾向。詩人需要學習提供一些正面的評價，避免過度看壞，誇大嚴重性。

即使是「啦啦隊長」也需要情緒的自我管理。每個人都喜歡成為啦啦隊長，但請記住，你可能會報喜不報憂，而且對告知壞消息時很難啟齒。有時這可不是好事！你需要在這方面多做努力，以便告知他人真相，讓他們能正確看待生活遇到的問題。你不該昧於事實，告訴對方一切都會變好，明明事實並非如此。

了解自己的正負情緒量表（快樂和不快樂情緒的組合），有助於你變得更快樂，因為該量表顯示你該如何管理你的情緒傾向，而透過區隔正負情緒能清楚顯示，你的快樂和不快樂其實相互獨立，快樂**不見得**會受到不快樂情緒的影響。PANAS測試能讓你更有能力，因為接受了測試，許多人第一次理解自己，知道自己並非怪咖或有什麼不對勁。例如，有些人長年來可能認為自己有缺陷，因為他們比旁人更容易感受到負面情緒，而且很難像他人一樣充滿熱情。透過PANAS，他們認識自己只是「詩人」。**這個世界需要「詩人」**。

正面看待負面情緒

你應該如何看待你的不快樂？首先，你應該感激它。人類大腦特別保留了處理負面情緒的空間。[18]感謝上天：負面情緒不僅有助於我們享受、滿足和實現目標，還能保護我們的命。威脅對我們的傷害可能超過好處對我們的幫助，這就是為什麼你可能不會接受五五波的賭注——要嘛讓你的積蓄翻倍，要嘛讓你一無所有。事實上，如果你好不容易攢了一筆積蓄，可能連九比一的賠率都不會接受，因為只要有一成的機率讓你失去一切，都是讓人受不了的可怕後果。

因此，我們的大腦更適合處理不快樂的感受，而不是快樂的感受，才能保護我們的安全以及對危險的警覺性，這現象叫作「負面偏見」（negativity bias，消極偏見）。[19]負面情緒還有助於我們學到重要教訓，以免一錯再錯。這是已故心理治療師艾米．古特（Emmy Gut）所提的觀點，她的研究顯示，負面情緒有時對我們有益，可讓我們適量地關注難題，進而想出解決辦法。[20]換句話說，若有件事讓我們悲傷或憤怒，或許能刺激我們採取行動解決問題，一旦問題解決了，長期來看，當然也會讓我們過得更快樂。

不妨想想**後悔**這種感受。沒有人喜歡悔不當初。有些人甚至宣稱他們這輩子沒吃過後悔藥（甚至將「無悔」兩字紋在身上），覺得這麼做會更快樂。如果沒有仔細分析和管理後悔這個情緒，後悔藥確實可能是一種毒藥，有害你的身心狀態。老是念念不忘過去的遺憾與錯誤，可能會陷入憂鬱和焦慮，這現象在不斷回想憾事的人身上尤其明顯：他們抱憾終身，把後悔深刻在日常生活裡。[21]過多的後悔甚至可能影響你的荷爾蒙和免疫系統。[22]

但另一個極端更糟糕。否定或消除悔意並不會讓你踏上自由之路，只會讓你一遍又一遍地犯下同樣的錯誤。要獲得真正的自由，需要將後悔置於生活中適當的位置，從中汲取教訓，而不是讓它成為我們的負擔。

儘管後悔讓人心裡不舒服，卻是有利認知與學習的利器。悔意會逼你回顧過去，想像是否能以不同的方式或行動改變結果，然後建構新的劇本，形成與過去不同的現在式。你再將虛構的現在式與實際正在經歷的現在式進行比較。例如，如果你和伴侶的關係變調，你的悔意可能讓你想像自己回到去年，憶起自己太過小心眼和易怒，心想自己若能在關鍵時刻多些耐心與善意，而不是口出惡言傷害對方。然後你的想像力快轉到今天，將會看到倒吃甘蔗而不是漸行漸遠的關係。

儘管這個過程並不舒服，但正是悔意讓你學習與進步。一如丹尼爾．品克（Daniel Pink）在《後悔的力量》（*The Power of Regret*）所言：「如果我們能恰如其分且認真地處理悔意，後悔其實可以幫我們做出更好的決策，並提升我們的表現。」[23] 與其讓失敗的關係糾纏你，讓你陷入痛苦，一心只希望事情能有不同的結果，不如坦誠面對問題，汲取教訓，並利用這份認知改善問題，就能在將來享受更美好的關係。

此外，不快樂有利提升我們的創造力。多數藝術家的個性陰沈鬱悶、習慣在陰暗世界尋找靈感，這類人被歸類為「詩人」，特色是正向情緒低、負向情緒高。英國知名詩人約翰．濟慈曾寫道：「難道你沒看到，一個充滿痛苦和難題的世界對於淬鍊智慧、提升靈性是多麼必要？」[24]

科學家發現濟慈是對的。一項研究分析了負面情緒對藝術家創作力的影響，其中一個研究對象是作曲家貝多芬，他經歷了健康打擊（雙耳漸漸失聰）與家庭關係緊繃（他是侄子卡爾

（Karl）的監護人，兩人關係如同水火），結果作曲量不減反增。[25]該研究還發現，像貝多芬這樣的偉大作曲家，負面情緒上升三七%，平均可多寫出一首重要作品。

導致這種現象的原因是，當你傷心時，會專注於生活中讓人不愉快的部分，影響所及，刺激大腦的腹內側前額葉皮質（ventrolateral prefrontal cortex），這腦區讓我們能高度專注於複雜的問題，比如撰寫商業計畫、寫書、作曲（交響樂），或者找出解決生活棘手問題的方法。[26]

一些心理學家認為，我們要追求的目標是剛剛好的負面情緒狀態，亦即處於一個我們稱之為「次快樂」（second-happiest）的程度。在二〇〇七年，一組研究員要求大學生在「不快樂」到「非常快樂」的量表上給自己的情緒狀態評分。[27]一如其他的情緒狀態測試，這個量表會顯示「快樂減去不快樂」的結果。他們將結果與受試者的在學表現（ＧＰＡ、蹺課次數）和社交指標（好友的數量、花在約會的時間）進行了比較。儘管「非常快樂」的受試者擁有最高分的社交生活，但在學業方面的表現不如「快樂」的人。

研究員隨後分析了另一項研究數據，該研究評估大學準新鮮人的「快樂狀態」，並追蹤他們二十年後的收入。結果發現，一九七六年最開心的人在一九九五年的收入並不是最高；收入最高的頭銜再次由快樂分數第二高的人拿下，他們認為自己的快樂程度「高於平均值」，但並不是排在最高的前十%。

你也許會這麼說，最快樂的人不見得賺最多——係因他們為了快樂，所以接受收入較少這樣的取捨。但其他研究顯示，這是因為他們警覺性不夠；由於負面情緒有助於我們評估威脅，所以合理的說法是，過於樂觀（快樂）可能導致我們忽視威脅與風險。實際上，超嗨或極端的正面情緒可能導致危險行為，例如飲酒、吸毒和暴飲暴食。[28]這一刻覺得爽，下一刻可能讓你傷心欲絕，所謂樂極生悲。

結論如下：少了負面情緒，你無法生存、學不到教訓、想不出好的創意。即使你**能**擺脫不快樂，那也是大錯特錯。若要活出你最想要的生活，秘訣是接受你的不快樂（這樣你才能學習和成長），並有效管理不快樂衍生的各種感受。

不只感恩蜂蜜，也要感恩會叮人的蜜蜂

看清生活的各種經歷，別被難題束縛而動彈不得，這樣就能看到各種可能的機會。不同於大多數人的看法，我們需要用不同的方式看待快樂和不快樂：快樂不是目標，不快樂也不是敵人（當然，本書不談論像焦慮和憂鬱這樣的醫療問題，這些都是需要照護和治療的疾病。本書的重點是每個人生活中都會面臨的痛苦和難題）。

我的意思絕非要大家放棄追求快樂，更不希望大家覺得努力減少不快樂是愚不可及的做法。其實正好相反，追求喜悅、遠離悲傷，是人之常情。只不過，將追求正面情緒視為最高目

標或唯一目標，並且拚命消除或克服負面情緒，既吃力又不討好，完全是反效果的做法。純粹的快樂是不可能達到的狀態（至少在人生有限的生命中），一味地求樂可能讓你遇險，或危及你的成就。更重要的是，會讓你犧牲美好人生裡許多的幸福要素。

或許你在想，我們是否在暗示你**找**苦來吃。實際上你無需多此一舉，苦會自動找上你，也會找上每一個人。關鍵是，我們每個人都可以追求精彩又充實的生活，不僅享受美味的蜂蜜，也學會感恩會採蜜也會叮人的蜜蜂。這不僅是心態上的轉變，也是全新的生活方式，為你帶來前所未有的機會和可能性。若你能不帶恐懼地擁抱生活，以及學會管理自己的情緒，你將不受束縛地在這些支柱上進一步發展與建設，讓自己過上更快樂的餘生。

我們有必要理解快樂和不快樂，這也是我們從這個主題開始的原因。但這只是建構更美好生活的第一步。第二步是管理我們的正面和負面情緒，這有助於我們變得更堅強，以及更聰明地少放些注意力在我們不開心的事情上。接下來的三章會著墨這點。

第 1 部

管理好情緒

歐普拉的話

我覺得最幸福快樂的時光是坐在一棵樹下閱讀一本好書。或是蜷縮在爐火前，與毛小孩窩在一起小憩。或是外面下著寒雨，我在屋內溫暖的廚房裡忙東忙西，為一鍋豐盛的燉菜張羅食材。這個美好的感受一部分歸功於深刻而強烈地感覺到此時此刻自己擁有了一切。本書要傳達的一個重點是：如果你想讓自己更幸福，你已經擁有一切可讓自己更幸福的條件，它們就存在你的想法裡，時時刻刻都在，今天在，**這一刻**也在。

最後一句話點出兩個我們已學到的重點：首先，「**更**幸福」是相對的、會受到所處環境的影響，以及流動的狀態；它不是完美、固定不變的最高理想境界。其次，更幸福不是一種存在狀態（state of being），而是一種行動狀態（state of doing），不是光靠等待或希望就可獲得，而是得靠積極努力才可實現的一種改變。

我非常推崇亞瑟教授，原因之一是他非常擅長定義術語。我打包票，你之所以覺得本書非常實用，因為它提供你方便討論——甚至更重要的是，利於你思考快樂這門學問的語言。語言可以將對大多數人而言抽象又模糊的概念，轉化為更具體的內容，讓我們可以從不同的角度理解、思考、探索、應用這些概念。你將在本書學到一些費解的科學用語（嗨，這裡介紹個新朋友，**行為抑制系統**）。此外，你還會重新認識一些非常熟悉的詞彙（**樂觀** vs **希望**，**共情** vs **同情**）。你也會認識一些亞瑟式想法——因為它們非常實用，所以很容易被記住，例如**情緒咖啡因和無用的朋友**。

但你還會學到最重要的兩件事——你應該把下面這句話貼在冰箱上、裝裱掛在牆上，或是任何你每天會看到五至十遍的地方。「一，情緒是對你的思考腦區（大腦皮質）發出的訊號，告訴大腦現在發生了什麼事，需要你關注和採取行動——僅此而已。二，如果你選擇用腦（思考），你可以決定如何因應這些情緒。」因為很重要，所以再說一次：**你的情緒只是訊號**。**如何回應它們，由你決定**。情緒就像在輕拍你的肩膀、用手肘輕碰你的腰部。你對這些訊號或提示要做什麼反應，完全由你決定。

你明白這代表什麼意思吧？每當你覺得情緒強烈到無法招架，彷彿成了階下囚，逃脫不了情緒的牢籠；或是任由情緒當司機掌控方向盤，你只能束手無策地繫上安全帶聽它擺布。現在你不必再用那樣的方式生活了。有方法可以讓你重新掌控方向盤。正如亞瑟所指出的，這不代表你永遠不再需要處理憤怒、恐懼、嫉妒、悲傷或失望等負面情緒，但這也正是本書的重點：你**能夠處理**它們。你感覺到自己出現了這些情緒，你才是掌控方向盤的司機。**你有能力決定如何回應它們**。

一九九八年是我一生中最煎熬的時期之一，那年的官司讓我身心煎熬。你可能聽過此事：我因為對漢堡發表了一些評論而被德州的牛肉生產商告上法院。我說明一下，這官司不會危及我的身家性命。若判決結果不利於我，我也不會入獄服刑。然而，受審是身心俱疲的經歷。日子煎熬，壓力又大，受到莫須有的指控絕不會讓人好受。

然而現在回想起來，我會說當年待在德州阿馬里洛（Amarillo）的那六週，我認為其實是開心的。我的意思是**我自己**版本的開心，亦即滿足感。根據亞瑟在前一章提到的測試，我屬於「法官型」，我不太會出現非常高的興奮狀態或非常低的低潮狀態。

（順帶一提，亞瑟屬於「科學狂人」，不知你猜對沒有。結果證明，我們這組合是夢幻團隊，因為法官和科學狂人互補。）

在艱困環境中還能讓自己感到滿足是件很棒的事。想像你擁有一本帳本：在負分欄出現了一些困難、煩心或不愉快的事情，但不是還有加分欄嘛。在阿馬里洛，我在加分欄列出有善良的好心人，每天早上在法院門口祝我好運。還有讓我滿意的B&B旅館，非常乾淨，提供舒適的床，每晚我都可以泡熱水澡。此外，冰箱裡有派（對我來說，派的意義重大。我可沒有開玩笑）。我能夠帶著心愛的可卡犬蘇菲和所羅門同行。我還能繼續工作，每天庭審結束後，下午五點照常錄製《歐普拉脫口秀》。

儘管官司纏身，但在那個旅館裡，我擁有了所需要的一切，包括我可能最需要的東西：感恩之心。我強烈推薦任何正在經歷困境與官司的人，心存感恩。這也是亞瑟將在下一個部分談到的主題。大家閱讀本書時，我虛心地提供兩個歐普拉式思考供你參考：一，**感受而非壓抑情緒，然後掌控方向盤**。二，**讓自己更快樂**。

第2章　後設認知的力量

前一章提到維克多．弗蘭克，他經歷了我們大多數人無法想像的遭遇。他是奧地利猶太裔精神科醫生，二戰期間和家人都被德國人逮捕，送入納粹集中營，他在集中營待了近四年，直到戰爭結束。[1]他是唯一的倖存者；他的父母、妻子和兄弟全都遇害。他自己也吃了很多苦，遭受不人道的殘酷對待，多次與死神擦肩而過。

盟軍獲勝後，弗蘭克恢復自由身，回到維也納的家。一九四六年，他發表了他在集中營的回憶錄。這本書在全球熱銷，記錄了苦難中仍存在希望和美好，鼓舞了全球各地跨世代的讀者。全書傳達一個簡單的訊息：即使在最壞的情況，生活也能夠美麗精彩。

弗蘭克想告訴大家的是，生活不會自動變好，顯然實情也是如此。他也沒有說，我們可以透過什麼特殊的妙招逃避痛苦。他坦言，每個人都會經歷苦難，有些人可能比其他人受更多的苦。作為一名精神科醫生，他知道我們遇到痛苦時會出現負面情緒反應，這是自然而然的現象。但是一手爛牌不代表我們注定要過得悽慘，因為我們可以選擇如何處理自己的情緒。用弗蘭克的話：「人的一切都可以被剝奪，但有一件事例外，那就是無論在什麼環境，我們都有選擇權，可以自主地選擇回應的態度與回應的方式。」

換句話說，你無法選擇你的感受，但你可以選擇如何反應這些感受。弗蘭克所要表達的是，如果有人拋棄你，你**會**悲傷和憤怒，但你可以**選擇**是否要憤憤不平，你的選擇將影響你恢復心情的速度。如果心愛的人生病，你**會**害怕恐懼，但你可以**選擇**表達恐懼的方式，以及恐懼對你生活的影響方式。

在你的人生事業裡，情緒猶如天氣之於一家營建公司。下雨、下雪或爆熱都會影響工程的進度。然而，正確的應對方式不是試圖改變天氣（這不可能），也不是祈求天氣變好（這沒有幫助）。而是制定針對惡劣天氣的應急計畫，做好準備，並根據每一天的條件採取適當的管理方式。

管理情緒的過程被稱為後設認知或元認知（嚴格或確切的意思是「思考我們所思考的」），有意識地感受自己的情緒狀態，能將情緒與行為一分為二，並拒絕被情緒控制。[2]

後設認知的第一步是理解什麼是情緒，以及它們背後的科學。然後你可以學習一些基本技巧，重新建構你現在和過去的情緒。經過一些實際練習，你將有能力停止讓情緒指揮你的行為——成為能**自覺地**控制行為的成年人。

你的腦，論情緒

在前一章，我們解釋了快樂和不快樂不同於正面和負面情緒。情緒與快樂和不快樂**有關**，然而情緒是我們每天會強烈而直接體驗的東西。如果不加管理，情緒可能會失控，讓你更難活得幸福快樂，甚至不可能更幸福快樂。再次借用食物與食物的**味道**來思考這個問題。食物本身固然最重要，但如果味道完全不對，那盤菜就毀了。因此，雖然我們已經談論到情緒，你也已經使用PANAS量表，測量你正負向情緒的水平，但這裡我們需要更深入探討情緒背後的科學。

對於情緒最基本的理解始於一九七〇年代神經科學家保羅・麥克林（Paul D. MacLean）的三腦一體理論（triune brain）。[3]如果你之前聽說過這個，可能是因為知名天體物理學家卡爾・薩根（Carl Sagan）在一九八〇年代出版的書籍以及膾炙人口的電視節目《宇宙》（*Cosmos*），讓這個概念受到關注。三腦一體的理論認為，人類的大腦在數百萬年間經歷了三個不同階段的演化。

根據麥克林的理論，三腦中最老的是腦幹，有時被稱為爬蟲腦，因為它負責的功能連蜥蜴都做得到，例如調節本能反應和肌肉的運動。第二個出現的是邊緣系統，或稱為古哺乳腦，它將接收到的基本刺激轉化為我們感受到的情緒，示意我們周圍發生了什麼，以及我們應該如何反應。最後出現的是新皮質腦，麥克林認為這是最後演化出來的部分、最接近人類，又名新哺乳腦。這部分負責決策、感知、判斷和語言。

許多更新的研究認為，三腦一體的理論並不正確，因為不清楚每種腦的演化時間，而且它們的功能沒有清楚的界線。[4]例如，雖然邊緣系統主要負責我們認為是「發生在我們身上」的感受，但新皮質層並不完全只負責分析思考，還能以複雜的方式參與我們對環境刺激所產生的情緒反應。

即使不深入探討三腦一體理論引發的科學爭議（包括演化以及腦區的具體功能），這個理論仍然很實用，能幫助我們理解大腦的這三種功能，確保我們能活命以及茁壯進步。

一，**感知**（Detection）。你所在的環境發生了某件事。例如，一輛車——猶如古時候伺機行動捕食人類的巨獸——正以高速朝你衝來，而你正在穿越馬路。在你有任何自覺之前，這個畫面已被眼睛的視網膜處理（視網膜位於眼球後方，是大腦的一部分！），將這個訊息送到你大腦的視覺皮質，它位於頭部後方的底部，也就是枕葉區。[5]

二，**反應**（Reaction）。你的杏仁核（位於大腦底部，屬於邊緣系統的一部分）接收到一個訊號，示意你的安全受到威脅，並且轉化為最主要的情緒——**恐懼**，這個過程大約僅花〇．〇七四秒。[6]然後，杏仁核通過下視丘（也是邊緣系統的一部分），向腦底部中央的腦下垂體傳送訊號。腦下垂體是個形狀像豌豆的器官，位於你大腦底部的中間。

它會告訴位於腎臟旁的腎上腺分泌壓力荷爾蒙，讓你的心跳加速，並讓你做出迅速閃開的反應。你的中腦導水管周圍灰質（periaqueductal gray）同樣會接收到來自杏仁核的訊息，指示你移動身體。[7]

三，**決策**（Decision）。同一時間，前額葉皮質（prefrontal cortex）——位於前額正後方的大塊腦組織——也收到訊號。你的腦幹和邊緣系統在你無自覺的狀態下保護了你的命，現在你必須有自覺地決定如何反應。是一笑置之？還是揮舞拳頭準備幹架？你透過前額葉皮質做決定。承認壓力荷爾蒙引起的生理感受，可以幫助你做出明智的決定。

在上述的例子中，恐懼的情緒保護你的命。謹記，不快樂的情緒很重要，因為可以幫助我們學習和進步。同理，負面情緒至關重要，會示意我們如何反應外在環境，以利生存和進步。在面對像是巨獸這樣的威脅時，負面情緒會提供我們保護；正面情緒則是一種獎勵機制，鼓勵我們追求所需的東西，比如美味的食物。《星艦迷航記》的主角史巴克（來自瓦肯星、類似人類，但沒有情緒，對他人情緒也無任何反應），神經科學家分析史巴克後，笑稱他在一週內就會掛掉。

這是對負面情緒心存感激的最基本論點。下次當你為出現負面情緒感到後悔，希望自己沒有這些情緒，請想想這一點。雖然負面情緒讓人不快，但這正是它們存在的目的，引起你的注意並刺激你採取行動，這就是它們保護你的方式。

基本情緒與複雜情緒

情緒分為兩大類：初級情緒（有時稱基本情緒）和複雜情緒。前者可以單獨感受，也可以組合後形成複雜情緒。神經科學家對於初級正面情緒的確切分類存在歧見——神經科學是一個相對較新的領域，神經科學家在許多問題上仍有歧見，但是他們普遍同意，初級的負面情緒包括悲傷、憤怒、厭惡和恐懼。[8]這些情緒都令人不悅，但它們具有保護性。恐懼和憤怒幫助我們以戰鬥或逃跑的方式因應威脅。厭惡讓我們避免接觸某樣東西，警告我們這東西可能攜帶病菌。悲傷讓我們採取行動，避免失去我們珍愛的東西和人（這解釋了悲傷是失去或找不到所愛之人而產生的心理痛苦）。

當然，初級負面情緒可能源於對環境適應不良。例如，恐懼被他人拒絕是一種演化而來的心理特質。在遠古時代，一個人被部落驅逐意味死亡，落得在凍原上流浪，最後孤獨而死。在今天，如果有人在推特（現已更名為X）對你說了一些批評的話，你可能有這種感覺。厭惡也是演化而來的，讓你先聞到異味，幫助你遠離腐爛食物。在今天，政治人物可能會鼓勵你對那些與你政治立場相左的人感到厭惡，與之保持距離。所以若想讓自己過上更好的生活，我們需要學習如何**管理**情緒。

正面情緒包括喜悅（joy），心理學家對它的定義是「極度開心、歡樂、狂喜……源自於感到幸福或滿足」。[9]喜悅讓人非常愉快但稍縱即逝。反觀許多宗教思想家對喜樂則有截然不同的看法，認為喜悅更像是源於與神的關係，它帶給人內心恆久的滿足感。基督徒將其定義為「聖靈的果子」，一種超越俗世的幸福狀態。

對於神經科學家和心理學家而言，喜悅是達成目標或獲得渴望之物的回報，是一種獎勵機制，會催促你繼續努力，追求保護生存和繁衍（找到伴侶）所需的資源。正如你所見，喜悅這個正面情緒類似於負面情緒，都與演化有關，只不過它推著我們靠近，而不是拉著我們遠離某個東西或情況。

感興趣（interest）是另一個被研究員列入研究對象的正面初級情緒。有趣是一種愉悅的感受，人**討厭**無聊的東西，**喜歡**有趣的事物。當然，品味會因人而異。有些人覺得足球有趣，棒球無聊。有人偏愛科學紀錄片，有人著迷於烹飪節目。儘管存在個人差異，但興趣大抵上可以這麼解釋：對於學習新知或新技巧感興趣的人，較有機會進步和茁壯。因此，演化偏愛熱愛學習的人，並讓他們得到愉悅作為回報。

複雜的情緒包括羞恥、內疚和鄙視，由初級情緒組合而成。例如，鄙視是深信某人或某事毫無價值。實際上，這情緒係結合了憤怒和厭惡。你可以想像鄙視或許能幫助你避開一些對你不利的事，但你也可以這麼想，如果因為某人的宗教信仰而鄙視他，這恐怕真的很糟糕，需要妥善管理這情緒。

後設認知：管理你的情緒

情緒是向你的思考腦區（conscious brain）發出的訊號，告訴大腦現在發生了什麼事，需要你的關注和採取行動，僅此而已。如果你選擇用到思考腦區，你就能決定如何因應這些情緒。不妨把後設認知想像成將情緒從大腦的邊緣系統（limbic system）轉移到前額葉皮質。用個比喻，猶如將石油從油井（你的邊緣系統）運送到煉油廠（前額葉皮質），在這裡（前額葉皮質），原油（情緒）可以加工變成有用的資源。

我們都知道，生氣時口不擇言，事後才又後悔的感覺，或者因為恐懼不假思索地尖叫，然後覺得尷尬不好意思。你可能會說這是你「真實的」感受，但同時也代表你沒有後設認知的能力。當你告訴正在發脾氣的小孩「用說的！」，你就在告訴她啟動後設認知：要她使用前額葉皮質，而不是只用邊緣系統。同樣地，當你生氣時，告訴自己：在說任何氣話之前，先數到十。這方式基本上是給你的前額葉皮質一些時間，讓它追上你的邊緣系統，以便前額葉皮質決定該如何反應。社會科學家形容那些在情緒上來時毫不思考就自動做出反應的人為「邊緣」

（limbic），現在你知道為什麼了。

順帶一提，剛剛建議先數到十，其實可以再精準微調。美國開國元勳湯瑪斯·哲斐遜曾寫道：「生氣時，先數到十，然後再開口；如果非常生氣，則數到一百。」[10]換句話說，當你愈生氣，或者你的自控力愈低，就要數更長的時間。心理學家提出一個通用的經驗法則，靜待三十秒，利用這時間想像你脫口而出可能造成的後果。[11]舉個例子，假設你上班時收到客戶寫來一封語帶侮辱的郵件，忍不住想憤怒反擊。先按兵不動，慢慢地數到三十，利用這時間，想像你的老闆讀了你和客戶針鋒相對的郵件（老闆可能會這麼做），或是想像客戶讀完你的情緒化回應後，你將來要如何和這人面對面交流。如果你用的是前額葉皮質而不是邊緣系統回覆這封郵件，你的回應會更冷靜、更有成效。

後設認知不代表你可以避開負面情緒，而是你能夠理解這些情緒，從中學習，確保它們不會導致有害的行動。若被負面情緒主導，做出有害的行動，這才是造成你痛苦的主因。一時突然感到恐懼不見得是非同小可的現象；有時甚至可能是有趣的訊息。總之，負面情緒很正常，不是什麼大問題。但是若恐懼讓你出現敵意或膽怯等反應，讓你無故傷害自己或其他人，這時恐懼就是問題。

現在讓我們聚焦於如何將這些想法應用在生活裡。

當你無法改變世界，不妨改變對它的感受

每個人，即使是位高權重的人，對生活多少都會有些不滿，想要改變現狀。正如六世紀初的羅馬哲學家波伊修斯（Boethius）所言：「有些人坐擁金山銀山，卻因出身卑微而感到羞愧。有人出身高貴受人矚目，但由於生活拮据，覺得尷尬，寧願保持低調。有人既有財富又有高貴的家世，卻為孤家寡人的孤獨人生感到遺憾。」[12]

有時候，你是可以改變處境。若你討厭現在的工作，通常可行的做法是換個東家。如果你和另一半的關係不佳，你可以試著改善關係，或是選擇離開。但有時候改變不切實際，甚至不可能。例如，你可能討厭所在地的天氣，但你在那裡有家人與優渥的工作，所以搬家不太可行。也許你被診斷得了一種不太有希望治癒的慢性病。也許你的戀人不顧你的意願執意離開你，不可能說服他回心轉意。也許你對自己的身體有一些不滿意的地方，但無法改變。甚至你人正在獄中服刑。

這時後設認知能夠派上用場。你所處的環境以及你對它們的反應，兩者之間存在可以思考和選擇的空間。在這個空間裡，你是自由的。你可以選擇試圖改變所處的環境，或者你可選擇改變對它的**反應**。

改變你體驗負面情緒的方式，可能遠比改變你實際的現況要容易，即使這麼做似乎不符合

你習慣的做法。日常情況下，你的情緒都可能不受控制，若是遇到危機，情緒更可能會暴走，正是在這種時候，懂得如何管理情緒能為你帶來最大的益處。這現象有一部分原因可歸咎於生物學。正如你才在一分鐘前讀到的，憤怒和恐懼等負面情緒會刺激杏仁核，增加我們對威脅的警覺性，提高我們感知和趨吉避凶的能力。換句話說，壓力會讓你迅速採取戰鬥、逃跑或靜止不動等反應；這時你不會花時間思考：「現在應該採取什麼明智反應？讓我們考慮可用的選項。」從演化來看，這反應完全站得住腳：在五十萬年前，花時間管理情緒可是會讓你喪命，被老虎生吞下肚。

不過在現代社會，壓力和焦慮通常是長期存在而非一時的偶發現象。[13]很可能你再也不需要杏仁核協助，幫助你在深思熟慮之前迅速做出反應，逃離老虎魔爪。現在你使用杏仁核處理日常生活裡困擾你的非致命性問題。例如，工作壓力、和配偶的摩擦等等。即使你在遠離致命威脅的洞穴裡，不再面臨老虎的威脅，你仍然無法放輕鬆，因為你被這些日常問題所困擾。

接著，不意外的，長期壓力往往會導致不適當的因應行為（maladaptive coping mechanisms），[14]包括濫用藥物和酗酒、不斷地重複思考造成壓力的來源、自傷和自責等等。這些不適當的反應行為不僅無法提供長期放鬆，還可能因為成癮、憂鬱和焦慮進一步惡化你的問題。這些應對方式不外乎是試圖改變外在的世界（至少你個人主觀上覺得如你所願）。所以酗酒的人常會說，幾杯酒下肚彷彿按下開關，遠離一天的焦慮；問題（暫時性地）變得沒那麼可怕。

後設認知提供了一個更好、更健康、更長效的解決方案。不妨思考外在環境刺激你出現哪些情緒，想像它們正發生在別人身上，然後接受它們。將它們寫下來，確保這些感受被你充分察覺。繼而思考你會如何反應，不是讓你的負面情緒主導反應，而是根據你希望實現的結果做出反應。

舉例來說，想像你的工作讓你沮喪。你覺得無聊、壓力又大，而你的上司能力不足。每天下班，你都感到疲憊和沮喪，於是你喝下太多酒，看了許多可笑的電視節目，希望分散注意力。明天，試試一個新的策略。在白天，每隔一小時左右，騰出幾分鐘反問自己：「我現在的感受是什麼？」把感受寫下來。然後下班後，用日記記錄一整天的經歷和感受。還要寫下你對這些感受會做何反應，哪些反應比較有建設性，哪些不太有建設性。這樣連續兩週下來，你會發現自己更能夠掌控情況，行動也更見成效。你也開始看到自己能更有效地處理外在環境對你的影響。也許你制定了一個時間表，定期更新你的履歷，並向一些人諮詢就業市場的現況，然後你可能真的開始尋找新的工作機會（本章最後還會提供更多類似的例子）。

原來羅馬哲學家波伊修斯是個能在逆境中進行後設認知的大師之一，而且處境比你我更惡劣。實際上，他的處境與弗蘭克非常類似。在五二四年，他在牢中伏法前寫下了前面那段引言。他被控參與陰謀推翻東哥德國王狄奧多里克（Theodoric）而被捕入獄，雖然他可能並未犯案，結果還是難逃被處決的命運。[15]波伊修斯無法改變對他不公的指控與處決，然而他透過後設認知，改變看待這處境的態度。他寫道：「千真萬確，世上沒有什麼可讓人痛苦不堪，除非思想使之如此；其實，只要平和地接受，每一種命運的安排都是幸福的。」[16]牢記這一點並付諸行動，是提升幸福感的最大秘方之一，但大家不要覺得這是什麼天大的秘密，如果波伊修斯能夠做到後設認知，我們也行。

如果你不喜歡你的過去，重寫吧

你有能力管理負面情緒，以及面臨惡劣的處境時決定如何反應。但對於不好的**記憶**呢？我們無法改變它們，對吧？你錯了：後設認知同樣給了我們管理與處理過去記憶的力量。

「人在家裡，我夢想自己在那不勒斯……我可以陶醉在美景中，忘卻我的悲傷。」[17]出自美國哲學家愛默生（Ralph Waldo Emerson）在一八四一年的散文〈自力更生〉（Self-Reliance）。他寫道：「我收拾行囊，與友人相擁告別，啟程出海，最後在那不勒斯醒來。」聽起來很美好！但他繼續寫道：「其實我被嚴峻現實包圍，那個悲傷的我，在後面緊追不捨，儘管我努力逃離它。」你無法逃避你的過去，因為它在你的記憶裡，跟著你進入未來。你的記憶是你在那不勒斯第一件要從行李箱拿出來處理的東西。

你無法改變歷史。然而你可以改變對它的**看法**。相較於能回到過去的時光機，次好的辦法是透過後設認知重新書寫你的記憶與歷史，讓過去的包袱對於現在以及未來的你而言，不再那麼沈重。

人類天生就是時間旅者；事實上科學家已經發現，我們之所以保留過去的記憶，也許正是為了讓我們能夠想像與預測未來。[18]想像自己的下一個目的地是一直想去但從未去過的西班牙海灘；這時腦海浮現的畫面可能很像去年你造訪的佛羅里達海灘，這應該不是純粹的巧合。這個了不起的成就（保留過去的記憶，並用之預測未來）解釋了為什麼我們人類作為一個物種如此成功：我們過去的際遇彷彿是手中的水晶球，幫助我們決定接下來該做什麼，以及不該做什麼。

現代神經科學顯示，記憶更多地涉及重建（reconstruction）而非簡單地取回（retrieval）儲存的內容。每次我們召回記憶，大腦的幾個部分（包括角腦回和海馬體）會把儲存的各種訊息片段如拼圖般拼湊在一起，組裝成記憶。[19]重建記憶的過程是生物學上的奇蹟，但內容易受時間影響而出現變化，這點可從過去數十年的研究得到印證。例如，在一九八六年太空梭「挑戰者號」爆炸後不久，兩名心理學家請大學生詳細敘述他們如何得知此消息。[20]三十個月後，心理學家再次問同樣的問題。結果九十三%的回覆出現不一致的描述，儘管受訪者當時對細節記憶猶新，對自己的記憶力也非常自信。如果你和妹妹憶及某年感恩節的爭執，結果兩人出現不同的版本，你可能對這現象並不陌生。

你記憶的內容發生變化的原因是，你會從記憶的訊息碎片，建構過去某事的來龍去脈，以符合你目前的自我人設（self-narratives）。[21]你回顧過去的日子，希望了解你是誰，以及為什麼在做正在做的事。為了讓過去的訊息符合你當前的情況、朋友圈和事業，你會下意識調整你的記憶。

你一直在改變的記憶並不一定不準確；只不過它們是從片段或不連貫的細節拼湊而成，所以同一個事件，每一次你把它從塵封的記憶中叫出來，細節都會略微不同。你和妹妹可能對當年感恩節晚餐的記憶有不同的關注點，這些差異正好反映你們當前不同的狀態與處境：妹妹說那天晚餐被瑪吉姨媽搞砸了（目前她不再與瑪吉姨媽來往）；而你（喜歡瑪吉姨媽）則說那晚是發生了小爭執，但問題不嚴重，沒有造成任何不快。

你憶起過去經歷的具體細節，通常呼應你目前的情緒狀態。例如，研究員發現，當你害怕時，你往往會在回憶中側重與威脅有關的內容，在你的回憶中，對你造成傷害的具體細節佔據更大的比重，而在平常情況下，這些細節可能不會如此突出。[22]反之，如果你今天很開心，你的回憶可能更寬泛、更籠統。這兩組的回憶都沒有與事實相悖，只是你會根據當下的情緒狀態，以不同的方式重建回憶。

當前的狀態和情緒會影響你重建回憶時側重的重點，既然如此，你確實有能力改變對過去的理解。如果你能自覺地以積極方式重構過去，有助於你對未來做出明智的決定，進而做出有益的調整。這不同於為了希望過上更好的生活，不加考慮地任意改變現狀。

下次當你想做些積極的改變時，不要只考慮改變所處的環境或周遭的人。應該從你過去的生活經歷出發，這些可能是最初導致你不安的根本原因。也許你想藉由搬家，逃離新冠疫情封城期間折磨人的城市——這幾個月的封城可能讓你感到孤立和孤獨，或者傷害了你的人際關係。在你進入房地產網站 Zillow 找房之前，先分析那些痛苦的記憶；不要放任它們陰魂不散，一直困擾你。此外，想想封城期間你在家中度過的美好時光；想想在疫情剛爆發兵荒馬亂的日子，你收到的善意與人情味；以及你從中獲得的寶貴教訓以及對自我的認知。也許最後你**還是**決定前往那不勒斯。無論你選擇前往還是留在原地，你自覺地管理過去的回憶，這些回憶將成為你很好的旅伴，提供支持與指引。

練習後設認知

後設認知需要練習與實踐，特別是如果你以前從未思考過這個問題。有四個實用可行的方法作為開始。首先，當你出現強烈情緒時，只需觀察你的感受。

佛陀教導追隨者，管理情緒時，必須將它們視為發生在別人身上的事，然後觀察。[23]透過這種方式，我們可以有意識地（自覺地）理解情緒，讓它們自然地離開消失，不受它們破壞或傷害。當你與伴侶或朋友爆發激烈爭執，你覺得怒火難耐，可以嘗試這樣做。安靜地坐下，思考你正在經歷的感受，想像憤怒從你的邊緣系統移動到前額葉皮質，在前額葉皮質，將憤怒視為發生在別人身上的事，客觀地觀察。然後對自己說：「憤怒不代表我。它不會控制我，也不會為我做決定。」這會讓你更加冷靜和保持自主權。

其次，正如我們之前簡略提到的，記錄你的情緒。你可能已經注意到，當你心情低落時，寫下你的感受，你會立刻感覺心情好些了。實際上，記錄是實踐後設認知的最佳方式之一，因為它強迫你將模糊的感受轉化為具體的思緒，這需要前額葉皮質參與。[24]此舉有助於你理解與調節情緒，讓你感覺自己可以掌控。最新研究明確地點出了這一點。一項研究顯示，要求受試的大學生寫日記，而且是按照一定的結構對自我進行反思地書寫，結果發現他們更能夠理解與調節（處理）對學校的感受與情緒。[25]

例如，如果你因為要做的事太多而感到手忙腳亂，如果不進行後設認知，你無法有條不紊地處理這個問題。邊緣系統的角色是發出警報，而不是制定工作清單。繁忙的一天，從喝杯咖啡開始，冷靜地列出你需要做的事，按重要性依序排列。現在是你的前額葉皮質掌控局面，你會覺得更有自主權。你還會保持清醒的頭腦，決定今天要完成哪些事情，哪些事情可以留到明天，甚至哪些可能……永遠不用做。

再舉一個例子，你發現一段關係正在惡化，愈來愈不符你原先的期待。不要馬上採取對抗（邊緣系統）的反應，不妨先冷靜幾天，盡可能精準地記錄正在發生的一切，以及你對此的反應。根據對方可能出現的各種反應，一一寫下你可能如何有建設性地回應。你會發現，即使情況似已無可挽救，你的心情卻更冷靜，更能面對與處理這段關係。

第三，記憶庫保留正面積極的回憶，不要僅記住負面的經歷。情緒和記憶相互影響，交織形成反饋循環：不好的回憶會導致負面情緒，負面情緒又會回過頭來影響我們對過去事件的回憶。當你處於高度邊緣系統的狀態，你的思緒可能告訴你一切糟透了，而且永遠都會是這樣，儘管這顯然是錯的。反之，如果你刻意喚起更快樂的回憶，可打破這種惡性循環。研究已經發現，要求受試者回想快樂的事情可以改善他們的情緒。[26] 你可以靠著寫日記，記錄開心的回憶，當你心情低落或情緒失控時，回顧這些紀錄，同樣可以讓你獲得類似的好處。

第四，生活碰到困境時，從中學習並尋找意義。每個人的回憶裡都會包括不好的記憶，這些經歷真實存在，絕非虛構造假。我們並不是建議你塗銷或美化這些記憶。在某些情況下，這也不可能，因為有些回憶太痛苦，難以美化或消失。再者，一些負面回憶其實可以幫助我們學習和進步，或是防止我們重蹈覆轍。

有條理地試著分析這些痛苦的回憶如何幫助自己學習和成長。學者專家發現，若我們遇到困難與挫折，能夠設定明確目標，從中尋找意義並不斷地提升自我，我們往往能提供他人更有用的建議，做出更好的決策，並更有效地解決問題。[27]

你在日記裡保留一區，專門記錄痛苦的經歷，而且在經歷後盡快寫下來。在每筆紀錄的下方空出兩行。一個月後，翻到這筆紀錄，在第一行空白處寫下你在這段期間從那段糟糕經歷中學到了什麼。六個月後，在第二行空白處寫下從中學到的積極影響。你會驚訝地發現，這個練習會改變你對過去的看法。

假設升遷機會再次跳過你，你自然會感到失望和受傷，可能想和朋友傾訴，或者試圖忘掉此事。在你採取這些行動之前，先在日記裡寫下「被跳過，未獲升遷」，並標註日期。一個月後，回頭翻看這筆紀錄，記錄你從中學到哪些有建設性的教訓或經驗，比如：「大約僅過了五天，我基本上已經走出沮喪。」六個月後再次回頭翻出日記，寫下有建設性的行動，比如：「我開始尋找新工作，並順利找到更喜歡的工作。」

現在，選擇你想要的情緒

說到管理情緒，大多數人擁有比自己預期更大的掌控力。我們不必被情緒牽著鼻子走。不必祈求明天是快樂順利的一天，才能享受生活；也不必害怕出現負面情緒，不必擔心它們會讓我們與幸福快樂無緣。情緒對我們有何影響，以及我們該做何反應，都可由**我們**自主決定。

我們的決定不必止步於此（管理情緒）。我們還可以選擇想要感受的情緒，因為面對某個情況，往往會出現一種以上合理的情緒反應。這並不是說我們可以或應該在所愛的人去世時感到開心，這當然不合適。我的意思是，許多情況下，我們會面臨兩種不同的情緒選擇，而且這兩種情緒反應都與所處的環境相符，亦即都在合理範圍內。只不過其中一種對於我們的快樂（以及他人的快樂）更為有益。下一章將解釋如何分辨更合適的選項，並善加應用到實際情況。

第3章 選擇比較好的情緒狀態

大多數人會規律使用咖啡因，只不過使用的方式因人而異。在美國，多數民眾靠喝咖啡提神。[1]毫無疑問，咖啡因是我們社會使用最廣泛的藥物。

你有沒有停下來思考過咖啡因如何發揮提神的作用？攝取咖啡因後，咖啡因迅速進入你的大腦，然後與一種叫作腺苷的化學物質競爭（咖啡因是腺苷的拮抗劑）。腺苷是一種神經調節物質，負責將訊號從一個腦區傳遞到另一個腦區。一個神經元釋放腺苷，然後另一個神經元的受體恰好與腺苷分子的大小匹配，兩者一拍即合，受體接收腺苷傳遞的訊號，訊號再影響你的情緒與感受。[2]

腺苷的作用是，與受體結合後，讓你感到疲倦。漫長的一天下來，你會累積大量的腺苷，它會釋出訊息讓你知道睡覺的時間到了，是時候該放鬆了。如果你沒有睡一頓好覺（甚至你睡得夠飽），早上醒來時，仍然會殘留一些腺苷，讓你覺得昏昏欲睡。這時就是咖啡因登場發揮作用的時候。咖啡因分子的形狀幾乎與腺苷完全相同，所以它可以和腺苷的受體無縫結合。腺苷出現，試圖與受體結合，讓你感到睏倦或疲勞，卻因為受體已被咖啡因佔據位子，導致腺苷無法發揮應有的作用。事實上，咖啡因不會讓你恢復體力，它只是阻止你產生睡意。若你攝取足夠的咖啡因，幾乎沒有腺苷能和受體結合，所以你不覺得疲憊，但是會出現焦慮不安的狀態。

大多數人使用咖啡因，因為他們不滿意自己自然狀態下的感受，希望藉外力改善情緒狀態以及提高工作表現。咖啡因用自己的分子取代腺苷分子來實現這一點。

咖啡因是很好的類比，咖啡因取代腺苷，發揮提神的作用，這個取代原則也適用於自我情緒的管理。你不必非接受一開始出現的情緒不可，而是可以用你想要的更正面情緒取代它。

你每一刻的情緒都是大腦根據情況生成的，滿足大腦認為適合當前情況的效果。例如，開車時有人硬是超車搶在你前面，你大腦對此的解讀是：生氣是充分合理的情緒反應。它會刺激你的杏仁核，讓你做好與對方戰鬥的準備，或至少辱罵那個開車的人。

不過，這或許並非你希望的反應。畢竟你不想搞砸美好的早晨，或是讓你的孩子看到你發脾氣的樣子。你知道事後你會為此感到羞愧。

所以你決定按捺火氣，並採取不同的反應，這可能會有些違背本能，但會導致更好的結果。舉那位超車的無禮司機為例，並不是要你攔下那位司機，然後和他互擁上演大和解；而是希望你保持冷靜，取代怒氣沖天。

請記住，消除負面情緒既不可能也不可取。你需要憤怒、悲傷、恐懼和厭惡等情緒，如同你需要腺苷一樣，這樣你晚上才能入睡，白天才能放鬆。但有時，你希望用咖啡因取代部分腺苷。同理，有時你也想以同樣的方式取代一些負面情緒——讓一些合適且更有建設性的方式暫時佔據你的情緒受體，引導你採取你**想要**的反應，而不是照著**感覺**行動。

本章提供四種方法做到情緒替代。請注意，實際操作不像喝一杯咖啡那麼簡單。首先，選擇你要的情緒並非本能反應。再者，我們自幼學會了，腳趾頭撞到東西，會本能地痛喊「哎呀！」而非「謝謝」，這已是根深柢固的習慣。情緒替代是一種需要練習與實踐的技能，不是突然開竅，讓你一下子就可以徹底改變習慣性的反應。透過實踐和專注，久而久之，情緒替代會變成本能的反應，而你會樂見這種結果。

感恩讓你快樂

回想一下你上次的工作績效評估，或是學校的成績報告。也許得到很多的讚美和鼓勵，然後出現了一個小負評……你的心彷彿是被一根小刺扎到。你的注意力聚焦在這根小刺上，對吧？你知道自己的考績或成績不錯，但老闆或老師的一點小挖苦讓一切都變了調。你明白自己這個反應很荒謬，但它一直糾纏你，讓你好幾天無法釋懷。

你之所以有這個反應，因為大自然送了一份名為「負面偏見」的禮物給你：傾向於只看到不好的一面。[3]原因很簡單：讚美固然讓人開心，但忽視讚美不會造成任何影響。反之，若是忽視批評，可能會讓自己陷入險境。回到幾千年前，這可能意味被部落驅逐出去。在今天，這可能意味失去工作或與朋友失和。所以我們自然而然地較關注負面訊息。

這個傾向或許是協助穴居人保命與生存的好方法，但是在今天，這傾向會讓你扭曲現實。例如，你搭機坐的是頭等艙，卻因為咖啡稍稍冷掉而感到不悅。今天的生活條件已比小時候改善太多，但是我們似乎仍然不停地抱怨。

此外，我們很不會區分哪些負面訊息重要需要關注，哪些負面訊息不重要不用在意。開車時，若被其他駕駛莫名其妙地辱罵（這不重要），你的感受其實和收到國稅局的來信（這可是非常重要）差不多。這是因為你的負面偏見「過度敏感」，一碰就反應過度。你需要降低這種敏感度，才能區分哪些負面訊息重要、哪些不重要。其實你要關注的重要負面訊息少之又少。

若想把握生活中美好的一切，最好的辦法莫過於減少噪音干擾，這些噪音會讓你難以分辨真正的威脅與無關緊要的瑣事之別。至於如何減少噪音？不妨讓正面情緒瓜分掉一些負面情緒霸佔的空間，而感恩最能降低負面情緒的影響。

許多人認為，感恩是因為外在環境對你不錯才出現的感受，這個想法可能會讓你遇到困難時，難以產生感恩之心。其實感恩並不是因為外在條件而出現的被動感受，它是一種生活實踐。即使你現在覺得沒有太多可感激的對象，仍然可以（也應該）練習感恩，刻意思索生活中值得感恩的事情。

研究顯示，你可以有意識地喚醒自己感恩的心，方法是專心想著自己感激的對象（每個人都有這樣的對象），而不要光想著生活中讓你不開心的事。在二〇一八年，四名心理學家將一百五十三名實驗對象隨機分成兩組，一組被要求回憶讓你感激的事，另一組則被要求思索與感激無關的其他事情。[4]實驗結果令人驚訝：被要求回憶令你感恩一事的實驗組更常感受到正面情緒，足足是對照組的五倍多。

科學家分析了為什麼感恩會如此可靠地提升正面情緒，並找到了幾個解釋。首先，感恩會刺激活化大腦的報償迴路，該迴路位於大腦的內側前額葉皮質。[5]感恩還可以提高我們的韌性與彈性，改善多種人際關係，包括情侶關係、友誼以及親情，尤其是親情，因為家人的心彼此緊密連結，所以就算碰到危機，也能安然挺過。[6]感恩也有助於改善健康，諸如血壓和飲食習慣等等。[7]

感恩也讓我們成為更好的人。大約兩千年前，羅馬哲學家西塞羅寫道，感恩「不僅是最重要的美德，也是其他所有美德之母」。[8]現代研究顯示他可能說對了。感恩讓我們更願意慷慨助人、更有耐心以及減少對物欲的渴望。[9]

想像一下你心存感恩時，你對待他人的方式。這下你會立刻明白感恩為何會讓我們成為更好的人。例如，你如願獲得加薪或升職，然後你走進一家咖啡廳，點餐時你對咖啡師是不是特別客氣有禮？

如何練習感恩？最佳方式是寫日記，一如你透過寫日記練習後設認知。你的日記裡，尤其要列出讓你感激的事情（例如，來自他人的善意和愛護），以免時間一久就忘了。二〇一二年有個針對近三千人所做的研究發現，若受試者同意問卷上「我在生活中有很多值得感激的事情」和「我對形形色色的人心存感激」的敘述，他們會更常感受到正面情緒，並較少出現憂鬱症的症狀。[10]定期（每天或至少每週一次）回顧這些心存感激的回憶，有助於訓練大腦記住這些回憶，以及遇到困難時自動地開啟感恩心態。

有一點需要注意：不要假裝感激實際上你並不感激的事情。你不需要搖下車窗，感謝那位無禮司機的惡劣行為。你不用在感恩清單上寫下「讓人痛苦的帶狀疱疹」；**儘管**面臨困境，你仍努力保持感恩的心。不過強迫自己感恩可能會削弱你心存感恩的動機——不妨回想自己小時候被迫說謝謝或寫謝卡的情況，在那一刻你是否真的心存感激？[11]接受讓你說不上感恩的事情；感謝真正令你心存感激的事情。

感恩適用於多種情況，就連在非常不愉快的負面情緒下都能派上用場，幫助你立刻緩解心情，尤其是面對恐懼時。舉個例子，假設你將要出席難以招架的家庭聚會，事前花些時間思考令你真正感激的事情，而且這些事情與聚會毫不相關。例如專心思考你看重的友人、你喜歡的工作、你的身體健康無病無痛等等。這將讓你心生感激、擁有更開懷的思維與心態，進而更輕鬆地處理（享受）眼前的難關。

要讓感恩的效果更顯著，一個辦法是禱告或冥想。一些研究員發現，經常禱告的人愈容易萌生感恩之心，即使信仰並不特別虔誠的人也是如此。[12]如果你不想禱告，類似的冥想練習也能幫助你，諸如一個人靜靜地散步時，可以邊走邊默念「我是被祝福的人，也祝福其他人」。

培養感恩心的另一個技巧：想像自己死了。沒有開玩笑，這招確實有效。研究員在二〇一一年發現，當受試者非常逼真地想像自己臨死的情景，感恩心平均上升了十一%。[13]研究快樂的專家鮮少看到能夠產生這種效果的單一干預方式。所以，如果你很難產生感恩之心，但又非常需要它，不妨花幾分鐘思考一下自己不幸遇害或死於意外。然後慶幸自己實際上還好好活著，這時你會相當感恩。所以儘管家庭聚會讓你難受得要命，至少你會感恩幸好自己還能活著與會！

以下是培養感恩的具體練習。

一，在週日晚上，花三十分鐘，寫下你真正心存感激的五件事。即使它們似乎微不足道或愚蠢可笑也無所謂，反正幾乎每個人的感恩名單上都有一些荒謬的事情。但是務必確定其中一兩件與你所愛的人有關。

二，週間的每個晚上，拿出你的清單研究五分鐘，每件事各一分鐘。如果你有時間，早上也這樣做。

三，每週日更新一次清單，每次增加一或兩件事。

在第五週的尾聲，請寫下你的態度和負面情緒的強度出現什麼變化。相信你會看到顯著的改善，一如其他研究與實驗觀察到的普遍結果。背後原因是，你的負面偏見沒有足夠的「受體」讓你一直消沈不振。有了感恩心，即使遇到真正的困境，你也不會覺得太嚴重，因為你會自然而然地多用後設認知，取代邊緣系統處理負面訊息。

找個理由大笑

回到一九六〇和七〇年代，幾乎每個人都會讀《讀者文摘》，該雜誌特闢了笑話集錦區，名為「笑是最好的良藥」。笑話有好幾頁，有些笑話實在是老掉牙，亦即冷到會讓你狠狠吐槽。不過冷歸冷，還是吸引很多讀者拜讀，因為大家希望藉由笑話讓自己開心些。實際上，幽默是極佳的情緒咖啡因。

讓我們首先理解這背後的科學原理。請閱讀以下的句子：

當我死的時候，我希望像祖父一樣，在睡夢中平靜地離開……而不是像他的乘客一樣，驚恐尖叫。

如果你看完這個笑話後笑了，那是因為你的大腦咻地一連發生三件事。首先，你發現有點怪怪的：你原以為那人的祖父平靜地躺在床上，然後你意識到不對，他其實在開公車（或開飛機）。第二，你解開了這個怪怪的地方：祖父應該是開車時睡著。第三，你大腦的海馬旁迴（parahippocampal gyrus）幫助你釐清這句話不是真的，而是開玩笑，所以你笑了。[14]這一切的過程（發現怪怪的、解開、愉悅）讓你感到一些些的喜悅，阻斷你之前不愉快的感受。

經過三部曲的分析後，笑話的藥效已過，你又不笑了。根據作家懷特（E. B. White）的說法，「幽默可以像解剖青蛙一樣被分析，但過程中，幽默的趣味將消失，就像解剖台上的青蛙沒了生命。除了百分之百科學腦的人，這類深入分析讓其他人覺得沮喪。」[15]笑話聽第二次就不好笑，解釋後也不好笑，因為驚喜不見了。然而，幽默對於阻擋負面情緒至為重要，因此值得我們花時間理解背後的科學原理。

聽（讀）笑話、樂在其中、減輕痛苦。如果你試圖說服自己在悲傷時要保持愉快，你的大腦可是會抗拒的。但是發現幽默好笑的事，和經歷與受苦相反的感受（愉悅），兩者的差異適中，幽默能夠輕鬆佔據接收負面情緒訊號的受體，轉移我們對負面情緒的注意力。

研究員發現，幽默的療效驚人。在二〇一〇年的一項研究中，一組老年人接受「幽默療法」——每天聽笑話或有趣的故事、練習大笑等等，為期八週。[16]第二組受試者並未接受幽默療法。研究一開始，兩組的快樂水平差不多。實驗結束後，第一組的受試者表示，相較於一開始，他們的快樂水平提高了四十二％。此外，他們比第二組的快樂水平高出三十五％，疼痛和孤獨感也降低。

幽默感有很多層面，其中一個層面——**搞笑**似乎無法提高快樂水平。我們有時稱這種現象是「悲傷小丑悖論」（sad-clown paradox）。在二〇一〇年的一個實驗，研究員要求受試者為漫畫編寫旁白，並想出一些笑話，幽默因應生活中讓人沮喪的情境。[17]結果發現，搞笑（由外人評審受試者講的笑話）與變得更快樂之間無顯著關聯。另一項研究則發現，專業喜劇演員在失樂症（感覺不到快樂和愉悅）量表的得分高於平均值。[18]

值得注意的是，幽默不僅能夠阻斷你的情緒腺苷，也能夠阻止他人的情緒腺苷。幽默具有一種近乎麻醉的特性，會降低你對痛苦的注意力，回憶生活中和他人共度的快樂時光，即使在你最痛苦的時候也不例外。事實上，歷史上不乏這類的實例，他們在慘絕人寰的普遍苦難中善用幽默走出困境。例如，義大利作家薄伽丘（Giovanni Boccaccio）在一三五三年左右完成了他的名著《十日談》，時值黑死病肆虐歐洲，奪走了近三分之一人命。[19]這本書由十個虛構年輕人（七名女性和三名男性）講述一百個喜劇故事。這十人為了躲避瘟疫，逃到鄉下農莊。該書大受歡迎，讓整個歐洲人民在瘟疫蔓延時，緩解對瘟疫的恐懼，以及消磨孤獨時的無聊。該書並未迴避有關疾病和死亡的主題，但也沒有特別強調。該書告訴我們，即使在惡劣的條件下，生活還是有幽默、讓人捧腹的一面，但你能否發現這些笑點，取決於你的態度。

今天的生活也不例外，充滿憂傷、悲劇和挫折。不妨找出生活中有趣的部分，心情也會好很多。以下是你今天可採取的三個可行步驟。

首先，拒絕陷入沮喪消沈的情緒，彷彿自己面臨難以招架的挑戰。有些人認為在面對危機和不公時，不宜保持輕鬆愉快的心態。這想法是錯的，因為消沈無法吸引其他人靠近你，其他人也就無法伸出援手，和你一起努力改善世界。當然，有些情況下幽默的確不宜（請記住，時間點至關重要），但是幽默不宜派上用場的情況少之又少，遠低於你預期。說實話，有些讓人印象深刻的悼詞還滿有幽默感的。

研究發現，特別缺乏幽默感的人，多半會過分堅持自己的想法，無法接納他人的觀點，堅信：「我是對的，而你是邪魔外道。」[20]當前美國（以及許多其他國家）的意識形態氛圍嚴重缺乏幽默感，政治極端分子樂此不疲地攻擊幽默感，將此作為武器，這現象也就不足為奇。無論你的政治立場如何，為了讓自己更快樂，也讓其他人更快樂，不要和這些人一樣，對笑話開戰。

第二，不要擔心自己不是講笑話的高手。有些人非常拙於講笑話，即使刀子架在他們脖子上，也講不出好笑話。他們要嘛記不住笑話的笑點，要嘛是自己先笑場，結果沒有一個受眾能抓得住笑點。這些都不是問題；為了讓自己開心，懂得享受幽默要比會講笑話更重要，也更輕鬆。有些人天生具有與幽默感相關的基因，以及非常高的智商。[21]同時，喜歡與幽默風趣為伍的人，習慣將幽默視為優先要務，刻意培養對它的品味與興趣，並允許自己該大笑時就大笑。若要得到幽默提供的快樂元素，放手讓別人講笑話吧；你就當個聽眾，負責開心地笑。

第三，保持正向積極的態度。你偏好以及樂於和他人分享的幽默類型很重要。當你的幽默不是在貶低他人，或是當你以幽默的方式看待自己的處境，除此之外，幽默還有其他影響力，它和自尊、樂觀心態、生活滿意度有關，也和降低憂鬱、焦慮和壓力有關。[22]攻擊他人或讓你看輕自己的幽默則剛好相反：儘管可能會讓人一時爽，但無助於阻斷負面情緒（就像去了咖啡因的咖啡一樣！）。

選擇保持希望

悲觀主義是我們任何一個人都可能出現的最嚴重情緒困擾之一。我們都知道，有些人就像小熊維尼的好朋友驢子伊唷一樣，認為一定會發生最壞的情況，這已經超出「詩人型」的情緒類型（能夠警覺到實際威脅的人）；悲觀主義的人不是警覺到威脅，而是**杜撰**威脅。和他們在一起多半不會開心，他們也習慣自我孤立，不與他人往來。更糟糕的是，悲觀主義往往不是有建設性的生活態度。相反地，研究發現，悲觀主義習慣逃避挑戰或被動因應挑戰。[23] 所以，如果你陷入悲觀主義，你會變得消極被動，而且對於問題的判斷可能出錯，例如可能誇大問題的嚴重性。[24]

要阻斷悲觀主義的受體，我們需要強化哪一種與之相反的情緒？你可能會說：「當然是樂觀主義嘍。」但這不完全正確。

越戰期間，美國海軍中將詹姆士．史托克代爾（James Stockdale）被俘，在北越監獄裡被關了七年多。他注意到獄友中出現一個令人驚訝的趨勢。有些人在惡劣的環境下倖存，有些人則熬不過。那些熬不過苦難的人往往是團體中最樂觀的人。史托克代爾後來接受管理學作家吉姆．柯林斯（Jim Collins）訪問時表示：「這些人樂觀地說：『我們會在聖誕節之前被放走。』然後聖誕節來了，聖誕節又過去了……接著復活節來了，復活節又過去了。然後是感恩節，接著又到了聖誕節。他們最後死於心灰意冷。」[25]

在新冠疫情期間，你可能注意到上述模式的翻版（只是程度沒那麼嚴重）。一些人過於樂觀，並老是預測生活會很快恢復正常，這些人反而過得最煎熬，因為疫情一拖再拖，連帶他們的希望也一再落空。反之，表現最堅強的人，對疫情發展徹底悲觀，但他們較少關注外在變化，而專注於他們能力所及的事，以便好好活下來。

有一詞可用來形容你相信事情會愈來愈好，但不至於扭曲現實：這詞不是**樂觀主義**，而是

保持希望。我們習慣將希望和樂觀主義畫上等號，其實兩者有別。兩位心理學家在二〇〇四年一項研究中，使用調查數據（survey data）區分這兩個概念。[26] 結果得出如下結論，「保持希望強調一個人致力於實現具體的目標；樂觀主義的目標較籠統，著重於對未來結果的整體預期。」換句話說，樂觀主義相信一切會否極泰來；保持希望的人不會做這種假設，而是確信可以透過行動讓事情朝好的方向發展。

希望和樂觀主義可以並存，但不一定非並存不可。你可以是不抱希望的樂觀主義者，雖然個人覺得很無助，但認為未來一切會好轉。或者你可以是滿懷希望的悲觀主義者，對未來做出負面預測，但深信自己有能力讓自己和他人的生活愈來愈好。

有個例子也許能幫助你釐清兩者之別。假設你的健康亮紅燈，雖然不會危及生命，但你希望盡可能治癒它。你的醫生告訴你，你很有可能一輩子必須和這個病共存。你相信醫師的說法，不過你努力嘗試一些做法，例如運動或接受新藥治療，你全力以赴地嘗試。雖然你相信醫生的預測（這不是樂觀的預測），但你在自己能力所及的範圍內，努力改善問題（亦即抱著希望）。

樂觀主義和希望都有助於改善情緒和健康，但希望的影響力遠大於樂觀主義。一項研究顯示，儘管兩者都能降低患病的可能性，但希望的效用遠超過樂觀主義。[27]

保持希望涉及個人的行動力（personal agency），亦即希望能讓你覺得自己有掌控力和行動的動機。在一項研究中，研究員將希望定義為「擁有意志力以及找到方法」，結果發現，滿懷希望的員工，在工作上取得成就的可能性提高了二十八%，身心健康的可能性也比其他人多了四十四%。[28]另一項為期多年的長期研究網羅英國兩所大學的學生，要求學生透過自我評量的方式（例如，「我是否積極追求我的目標」）評量自己的希望水平，結果發現，一個人是否抱著希望，可以更有效地預測學生的學術表現，預測結果優於智力與個性測驗，甚至之前的學業成績。[29]

希望對於身心狀態至為重要，不僅僅是「有固然好，沒有也無妨」的東西；缺乏希望可能導致災難性後果。二〇〇一年所做的一項研究，分析了在一九九二至九六年期間接受問卷調查的美國老人，研究員根據他們的問卷回答，將一些受訪老人歸類為「無望老人」，這類老人當中，二十九%活不過一九九九年，而「懷抱希望」的老人中，這比例僅十一%，即使考慮了年齡和老人自我評量的健康狀態等因素後，這個差距仍然明顯。[30]

有人可能會辯稱，某些人天生就是充滿希望的人，所以這是運氣問題。這個說法對於樂觀主義而言，多少可能成立：一項研究發現，樂觀主義與遺傳相關，比例大約是三十六%。[31]然而，研究至今尚未找到希望與遺傳之間的關聯性。誠如許多哲學觀和宗教教義所言，希望是一個人積極主動的選擇。例如，基督教將希望視為一種神學美德，代表自主地採取行動，而不只是樂觀地預測未來。為了替他人打造更美好的世界，你**應該**保持充滿希望的心態。

能否成為懷抱希望的人，似乎取決於所處的環境。然而，你可能會問：「如果外在環境讓人絕望呢？」這麼說吧，其實外在環境從來都不是毫無希望的。此外，你可以透過以下三個步驟練習和學習如何保持希望。

首先，想像美好未來的模樣，並詳細描述是什麼原因讓它如此迷人。當你覺得有些絕望時，首先改變你的觀點。例如，假設你有個親人，未積極規畫自己的未來，不重視學業，甚至做出非常不明智的有害選擇，導致生活乖舛、前途黯淡。你很可能得出以下結論：認為他已無藥可救。但如果你改變觀點，想像未來美好的模樣、更務實的生活方式，其實可以為你親人（以及你自己的）快樂找到出路。

保持希望不是沈浸在模糊依稀的「美好」未來，然後毫無行動地不了了之，而是列出具體改善的行動清單。例如，想像你的親人重返學校、結交更多益友等等。或是想像他遇到不錯的戀人，並成功戒毒。

第二步，想像自己會採取哪些行動。如果你停留在第一步，深信未來會更好，這只是一種樂觀主義的心態，卻還不到希望的心態。樂觀不足以讓美好的未來成真，但它可以鼓勵我們改變行為，不會一味地抱怨，而是會有積極行動，進而對世界發揮影響力。因此，第二步的練習是想像自己以某種合理可行的方式影響世界（即使只是綿薄的影響力），讓未來變得更美好。

延續前面的例子，想像自己定期與這位親人聯絡，向他問好，你的態度友善，不批評不責難，讓對方感覺到你真的喜歡和關心他，而不是只會在道德上批判他。想像你請他說說他對更未來的期望，而你主動提出，會盡可能幫他一把。如果他沒有地方住，告訴他可以住你家；想像自己開車送他上學或參加求職面試。切勿把自己想像成無所不能的救世主；而是務實地思考自己能提供什麼簡單但實際的幫助。

現在，懷抱希望的你可以繼續最重要的下一步：採取行動。將改善現狀的宏偉願景和謙遜務實的目標具體融入行動中，然後確切實踐。以行動落實你的計畫與想法，能幫一個是一個。

將同理心轉化為理性的關懷

有時，你自己的負面情緒並不一定是打亂你生活的罪魁禍首，反而被身邊人的情緒所折騰。例如家人、配偶或密友若正在受苦，你可能因為過度關心他們的苦難而影響你的人際關係，嚴重的話還會拖垮你。你不想顯得無情，但有時候，你需要一些情緒咖啡因，阻斷**他們**的情緒腺苷進入你的大腦。你將在本書的後面章節讀到，若放任家庭中的負面情緒不管，它們會像病毒一樣肆虐，影響每個人。你可能認為最佳情緒反應是同理心（empathy），但實情並非如此。同理心搞不好會讓情況變得更糟。

當「empath」首次進入英語詞彙時，它絕無讚美之意。這個詞第一次出現在一九五六年的一個科幻故事裡，意指一群empath，能夠感受其他人的情緒，並利用這個能力剝削工人。[32]這個詞後來漸漸有了正面的含義，今天用empath形容一個人，多半代表他們善良、懂得付出關心並感同身受他人的痛苦。在當今的文化，同理心似乎是不折不扣的美德，而你非常努力地體現它。

不過把同理心視為美德，似乎高估它了。如果同理心被濫用，或是成為唯一的情緒反應，可能對同理心的給予方與接受方都帶來傷害。

同理心不是對某人的生理或情緒之苦感到遺憾或難過，那是同情心（sympathy）。[33]同理心是想像自己和受苦的人遇到同樣的遭遇，感受他們所受的苦。這就是「祝你早日康復」和「我可以想像你現在一定有多麼不舒服」之間的差異。有些研究員甚至提出一個假說，認為有些人可能有「超敏感的鏡像神經元」，這些神經元是大腦裡的神經細胞，能在觀察他人的行為時模仿他們的行為。[34]例如，當你看到別人哭泣，你也想哭泣。

證據顯示，同理心確實可以減輕其他人的負擔。在二〇一七年進行的一系列實驗中，受試者發現聽到他人充滿同理心的話時，覺得身體疼痛感明顯減輕；反之，聽到缺乏同理心或中立的看法時，不覺得疼痛減輕。[35]同樣地，如果醫生有同理心，向病患表示，他們理解並感同身受病患經歷的病痛，病患較能接受與應對壞消息。[36]

對他人表現同理心，雖減輕了他人的痛苦，卻也讓自己承受一些代價。二〇一四年的一項研究發現，經由訓練，提高人們的同理心，這些人雖然更能理解他人的困境，但也因此承受更多的負面情緒。[37]這現象很合理：如果你承擔了他人的痛苦，你自己的生活也會跟著承受更多的苦。

然而，同理心也可能傷害到其他人。多倫多大學心理學家保羅・布倫（Paul Bloom）在《失控的同理心》（*Against Empathy: The Case for Rational Compassion*）一書中指出，同理心「可能導致不合理和不公平的政治決策」。[38]舉例而言，政治人物可能偏袒與自己同種族或相同宗教信仰的人，導致對其他族群不公。布倫甚至說，同理心可能會「讓我們在身為朋友、父母、丈夫或是妻子的角色時，表現得不夠稱職」，因為有時真正的愛，必須做一些會引起痛苦而非減輕痛苦的事情，例如勇於面對可怕的真相。

你絕對可以在自己的生活中想到類似的實例。當同理心過於強烈時，你或其他人無法狠心放手，為對方付出他可能需要的「嚴厲的愛」（tough love）。回到前面提到的例子，如果你對那位你認為做出不明智生活選擇的親人釋出同理心，可能會暫時減輕他的痛苦，但無法幫助他回到正軌。

若想將同理心發展為一種完整的美德以及一種有保護性的情緒咖啡因，需要一些與同理心互補的額外行為，將同理心轉化為**理性關懷**（compassion）。一項針對理性關懷所做的綜合研究，對理性關懷的定義如下：除了能辨識痛苦、理解痛苦、對受苦的人產生同理心之外，還要能容忍自己與受苦的人正在經歷的不適感，而且關鍵是，付諸行動減輕痛苦。[39]

不同於同理心，理性關懷對於受苦人和提供幫助的人都有好處。在上述二〇一四年的研究結果顯示，同理心培訓會對情緒造成不良影響，不過有些受試者則接受了理性關懷的培訓。[40]相較於同理心培訓，理性關懷的培訓能夠阻斷學員陷入負面情緒，影響所及，在目睹他人受苦後，他們整體的心情不降反升。此外，理性關懷也有益於受苦者；例如，發揮理性關懷的醫師更懂得如何與被病痛折磨的患者相處，所以病患進行疼痛治療（如針灸）時，治療成效可能更好。[41]懂得以理性分析的方式看待他人的不適，然後對症下藥提供幫助，有助於將另一個人的包袱轉化為提升雙方情緒的契機。

相較於其他人，某些人更能自然而然地表露愛心、理性善待他人。研究顯示，理性關懷多多少少是基因決定，我們可能天生就會被具有這種特質的人吸引。[42]然而，大量的證據也顯示，理性關懷是可以學習的。[43]關鍵是啟動意識與思考力，超越感受對我們的影響。面對痛苦時努力讓自己變得更堅強，並實踐關懷與發揮愛心，你將因此受益，同時也將造福其他人。不像同理心，可以冠上empath這個標籤，沒有專有的形容詞可用來形容特別能理性關懷他人的人，不過當你做到時，不僅你自己知道，別人也會知道。

要成為理性關懷的人（以及因此更快樂的人），首先要努力提高自己的強度。在面對他人的痛苦時，表現得更堅強不代表同理心下降，而是學習即使感受到他人的痛也能不受影響地採取行動。如果你遇到剛完成海軍陸戰隊新兵基礎訓練的士兵，他們會告訴你，他們經歷了這輩子前所未有的嚴苛訓練，每天都想放棄。對於負責作戰的海軍陸戰隊士兵而言，基礎訓練結束後，還要接受數輪的作戰訓練，為期兩三年，但每一輪似乎變得愈來愈容易。因為他們漸漸習慣在極端條件下作業。痛苦對於一名海軍陸戰隊員而言是家常便飯，但現在已不再讓他或她感到困擾。

理性關懷的人就像接受訓練後的海軍陸戰隊：和其他人一樣他們可能也會覺得痛，但不影響他們正常運作。有同理心的醫生用感同身受緩解病患的痛苦；理性關懷病患的醫生可以冷靜地對病人進行手術。有同理心的父母，看到已成年子女的大學生活遭遇逆風時，會陪著他們一起走過痛苦；而理性關懷的父母則會克制衝動，不會打電話給校長或開車去大學安慰子女，也不會把小孩視為長不大的媽寶。

除了堅強與冷靜，理性關懷的人看重行動。當我們感到痛苦時，多半會抗拒有效的治療，因為短痛可能讓人覺得更痛。有人可能因為無法忍受手術和復健的折騰，將就於有問題的膝蓋多年（研究顯示，人通常高估或放大手術的疼痛）。[44] 同理，有人會繼續維持有害的關係，因為離開的後果太痛，他們招架不住。

這些例子強調一個重點：我們對待他人時，理性關懷應優於同理心，對待**自己**時，也應如此。同理自我照護（empathetic self-care）鼓勵同理自我的痛與感受，卻遲遲不願採取行動因應問題。理性自我關懷則是採取必要行動，即使會造成痛苦或不適也照做不誤，一如勇於接受膝蓋手術或正視關係裡的問題。

你可以說，同理心是大腦邊緣系統的反應，理性關懷則是後設認知的反應。同理心無法幫助他人勇敢而堅定地採取困難的行動，因為他們的協助限於情感支持。但發揮理性關懷的人，本身的歷練讓他們足夠強韌，不怕採取不討好的行動，儘管這些行動或決定可能讓受苦者不願意或不喜歡，但對他們有益。理性關懷有時可能感覺像嚴厲的愛，提供誠實但刺耳的建議，例如勇於辭退不合適的員工，或對孩子的要求說不，儘管這可能會讓孩子失望。理性關懷可以啟動一種良性循環，受到理性關懷的人變得更強大更有韌性，影響所及，本身也愈來愈有能力理性關懷他人。

為他人打造更好的世界

本章提供一些方法取代（擠掉）我們可能過多的負面情緒，除了提高情緒自我管理的效能，還有另外一個重點：為他人打造更好的世界。我們讓負面情緒退位，替換成真正想要的情緒：感恩、幽默、希望和理性關懷。之所以渴望這些感受，因為它們不僅是情緒，也是**美德**。

當你培養這些美德時，你會注意到另一個現象：你愈來愈積極且慷慨地關注其他人，愈來愈少關注自己。這是情緒自我管理的下一個原則。

第4章 少關注自己

在二〇二〇年，美國西北大學的心理學家亞當．魏茲（Adam Waytz）和德國科隆大學的心理學家威廉．霍夫曼（Wilhelm Hofmann）展開一項研究計畫，希望能回答以下這個問題：當我專注於滿足自己的願望時，我會更快樂？還是當我專注於為別人做點事時，我會更快樂？[1]

我們習慣把關注自我等同於追求個人的愉悅感受；把關注他人視為道德高尚的行為。如何在兩者之間取捨或取得平衡？假設你下午請假，跑去逛街購物，你會很開心。如果你放棄逛街，選擇到當地的慈善機構做志工，可能會錯過個人享樂的機會，但讓你成為一個更好的人。顯然，這種取捨有侷限性；你需要先把自己顧好才能幫助其他人，而幫助他人可以讓你感到快樂。整體而言，就是「我vs他人」的取捨問題。

上述兩位心理學家質疑這樣的取捨是否真的存在。他們想知道，為他人做點事是否會比關注**自己**更讓人開心？為了深究這個問題，他們將兩百六十三名受試者分成三組，每組都收到不同的指示和要求。

一，**道德行為組**：今天，我們希望你至少為他人做一件符合道德的好事。所謂的「為他人做一件符合道德的好事」指的是讓另一個人或另一群人受益的事情。例如捐款給慈善機構、幫社區撿收垃圾、給流浪漢錢、分擔某人的工作、讚美他人、幫助家人、對陌生人展現善意。任何有益於他人的行為，無論是直接還是間接，都可被視為道德行為。

二，**道德想法組**：今天，請你們思考一個有益於他人的道德想法。所謂的「有益於他人的道德想法」指的是能正向積極影響另一個人或一群人的想法，例如祝他們幸福、祝願他們好運、為他們祈禱、希望他們成功，或者想想你多麼關心另一個人或一群人。任何對另一個人有積極正面影響的想法都可視為道德想法。

三，**善待自己組**：今天，請你們至少為自己做一件益己的事。所謂「益己的事」指的是做一些對自己有益的事。例如買個禮物送自己、去按摩、自己一個人去看場電影、和一個能讓你開心的朋友共度時光、找個時間休息放鬆，或者享受一頓美食。任何對你有益的行為，不管是直接還是間接，都可被視為益己的事。

這三個小組按照指示與要求行動，每天晚上記錄自己在十一項指標的感受。十天之後，研究員彙總紀錄。不出所料，在某些指標，上述三個策略都有加分效果；例如，三個小組都感到更滿意。但是大多數指標的評量結果，三組的得分相去甚遠。道德行為組在多個幸福指標的得分高於道德想法組，而這兩個小組的得分又均高於善待自己組。主動積極關懷他人的受試者感到生活更有目標和掌控感，其他人則沒有這種感覺。他們也是唯一變得較少生氣和較無社交孤立感的一群人。

最後的結果清楚明確，也符合大量的研究數據，顯示降低對自己和自己需求的關注程度，會讓你更快樂。這個意思不是讓你停止照顧自己或忽視自己的需求。一如飛機上的緊急逃生原則，你必須先「戴好自己的氧氣面罩」，先顧好自己**才能**幫助其他人變得更快樂。這不同於只關心自己，**不管**其他人或外在環境發生了什麼事。

事實上，多關注外在環境——觀察周遭世界並關懷他人，不要讓注意力太圍繞自己打轉，這是提升自己幸福感的最佳方式之一，也是情緒自我管理的第三個原則。意思是盡可能無私地善待他人，正如前述實驗的建議，不要老把焦點放在自己和自己的需求上，例如少照鏡子，不要太在意自己在社群媒體的形象，不要太在意別人對你的看法，不要因為別人有什麼而你沒有就心生嫉妒。

這部分的情緒自我管理（亦即別太關注自己）並非要批評誰，或是讓我們覺得自己是自我中心的自大狂。關注自己是天經地義的事，只是這不會讓我們更快樂。儘管與這種自然傾向唱反調並不容易，但可以幫助我們擺脫每天腦袋裡重複播放的劇本——圍繞我打轉的情境劇。透過知識和練習，將觸角延伸到我以外的世界，會讓我們得到極大的快樂報償。

你實際上是兩個人

你可能注意到自己照鏡子時，外貌看起來最正常。但是照片的你，看起來就不太自然，彷彿是另一個人。一些哲學家指出，其實你是兩個不同的人——一個是主體（看人的人），另一個是客體（被看的人）。理解這一點可以幫助我們轉移注意力，學習多往外看，減少對自己的關注。

美國哲學家威廉・詹姆斯（William James）深入探討兩個我的概念。他認為，人為了生存和繼續茁壯，必須積極觀察周圍的動靜（觀察者）。再者，人必須往內看觀察自我，同時也被他人觀察，兩者互補形成一致的自我概念和自我形象。[2]如果沒有向外觀察，你可能未意識到危險，結果被車撞到或餓死。如果沒有被觀察，沒有外人提供的反饋，你無法累積記憶、建立歷史，也不理解自己為什麼會做一些事。當你開車上班時，你會觀察車流和其他人，確保安全抵達目的地。一到了上班地點，你的注意力也跟著轉移，開始用心觀察別人如何看你，這可以幫助你了解自己的工作表現是否稱職。

當你的角色是觀察者時，你是「主體我」（I-self，觀察周圍的事物）。當你被他人觀察，或是你對自己進行自我觀察與自我分析時，你是「客體我」（me-self，被看的人）。兩個心理狀態都不是永久不變。保持快樂的關鍵是平衡「主體我」和「客體我」。這代表須增加前者（主體我），減少後者（客體我），因為大多數人花太多時間被觀察，而沒有花足夠時間觀察周遭。我們習慣把心思放在自我，過於在意他人對我們的看法；只要經過鏡子，一定會停在鏡前打量自己；不停地檢查社群媒體上提到自己的內容與評價；過於在意自我形象與身分。

這不是件好事。正如前一節提到的，學習多關注外在世界，與一個人的快樂水平有關；過於關注自己以及他人對你的看法，可能會導致情緒不穩定。[3] 你的快樂與幸福感會像溜溜球一樣忽上忽下，端視你對自己持積極正面的態度還是消極負面的看法。這種情緒忽高忽低的不穩定感讓人難以忍受；難怪自我沈溺（過於關注自己以及在意他人對自己的看法）與焦慮和憂鬱症有關。[4]

將自己視為客體（觀內）而不是主體（觀外），也會影響你日常工作的表現。研究員發現，在了解學習過程的實驗中，若受試者過於關注自己，他們較不願意嘗試新事物。[5] 這是有道理的：當你過分關注自己，你會對外在世界很多東西視而不見。當你擔心「我表現得怎麼樣？」、「別人會怎麼看我？」時，你會覺得自己被綁住，不夠自由。看到孩童自然而然地只做自己，可以長時間停留在「主體我」的狀態，只是觀察、行動和享受當下，鼓舞也啟發我們這些成年人。

你應該花更多時間關注外在世界而不是自己，這主張早在現代科學和哲學出現之前就已存在。這也是佛教禪宗的核心重點之一，禪宗基本上是一種純粹的外觀態度。禪宗大師鈴木大拙在一九三四年寫道：「生活是一種藝術，就像完美的藝術作品，它必須是忘我的。」[6] 哈佛醫學院精神病學教授兼禪修導師羅伯特・沃丁格（Robert Waldinger）這樣解釋：「當我意識到自我時（我稱它為「鮑伯」），我感受到我（me）與世界的關係。當鮑伯消失時（在冥想時，或站在壯闊的瀑布前），我與外在世界一分為二的那種自我感消失，只剩下聲音和感受。」[7]

在一些宗教傳統中，主體我不僅是通往幸福快樂的門票，還是與神性連接的管道。印度教徒追求的「**真我**」（Atman）是一種與生俱來的覺知狀態，在這種狀態下，一個人觀察世界但不涉入其中。印度教認為真我能與**梵天**（Brahman）直接相連，後者是存在於萬物中的最高神性。耶穌的教義：「凡願意跟從我的人，必須捨己。」這句話通常被解釋為關注上帝和其他人，但若要做到這點，同樣需要強調主體我的重要性。

當然，你永遠不會完全消除客體我，但你可以透過有意識的自覺行為提高或增進自己的快樂水平，減少陷入客體我狀態的時間。有三種有意識的自覺習慣可以幫助你。

首先，遠離鏡子或社群媒體投射出來的影像。鏡子天生具有吸引力，人經過總會忍不住照一下；所有的鏡像現象也不例外，比如在社群媒體的發言與評論，猶如磁石，吸引我們向其靠近。但鏡子不是你的朋友，它們會讓即使是心態最健康的人也會過度關注外表而物化自己；原本就對自己外貌或形象有困擾的人，鏡子可能只會增加他們的痛苦。在二〇〇一年的一項研究，研究對象是患有身體畸形恐懼症的人（尤其是過分關注自己身體可見缺陷或瑕疵的人），結果發現，受試者頻頻照鏡子（藉由照鏡子檢查或關注讓他們心煩的瑕疵），相較於沒有畸形恐懼症的對照組（而且是花最多時間照鏡子的對照組），實驗組花在照鏡子的時間是對照組的三．四倍。[8]

採取措施，讓「別人眼中的自己」較少出現在自己面前。考慮拆掉家中所有鏡子，只留下一兩面，並規定自己，早上照鏡子不得超過一次。有一個健身模特兒，他曾經病態地過於看重自己身體的瑕疵，為了恢復更健康與更正常的生活，所以整整一年不照鏡子，甚至摸黑洗澡，以免從鏡中看到自己的體型，然後忍不住嫌東嫌西。[9]

虛擬鏡子比實體鏡子更容易擺脫。關閉社群媒體的通知。絕對不上網搜索與自己有關的訊息。參加視訊會議時關閉攝像鏡頭，不顯示自己的臉。不要自拍。一開始可能很難做到，因為自拍等關注自我的做法，會刺激大腦釋放多巴胺這個讓人感到愉悅的神經調節物質。但多加練習後會愈來愈容易，尤其是一旦停止自我觀察、降低對外貌的過度關注後。

其次，不要動不動就對周遭的事物下評語、論好壞。評論看似客觀的觀察，實際上不然。評論是把對外在世界的觀察內化，變成自己主觀的感受。例如，如果你說：「這天氣真糟」，透露更多的是你的感受，而非天氣本身。再者，你剛剛對於一件你無法控制的事情，做出負面情緒的反應。

評斷周遭世界是正常與必要的，以便做出符合成本效應的決定。然而，許多評斷無益且多此一舉。你**真的**需要決定剛剛聽到的歌很蠢嗎？你應該試著更仔細地觀察周圍的事物，不要附加自己主觀的看法與感受。首先，嘗試純客觀地描述觀察到的現象，不發表基於個人價值觀的說法。例如，不妨把「這咖啡太難喝了」改為「這咖啡味道有點苦」。一開始，這非常困難，因為我們習慣對一切品頭論足。不過一旦你掌握了竅門，會發現不必對一切事情發表看法，真是一大解脫。你愈來愈少參與政治辯論，愈來愈少發表意見；這讓你更冷靜，內心更平和。

第三，多花些時間體驗讓你讚嘆的壯闊景觀與現象。加州大學柏克萊分校心理學家達契爾・克特納（Dacher Keltner）的研究重點是充滿敬畏感的經歷，他將敬畏定義為「你面對的事物或景象浩瀚壯闊，超出你平常對世界的認知，由此而生的震撼感受」。[10] 克特納發現，令人敬畏的經歷有諸多好處，其一是讓人覺得自己渺小，例如，在一項研究中，他和他的同事要求受試者不是選擇回憶身處大自然的美好經歷，就是選擇回憶讓他們感到自豪的時刻。[11] 結果選擇大自然的人認為自己渺小或微不足道的比率是自豪組的兩倍；此外，大自然組覺得世上存在比自己更偉大的東西，比率較自豪組高出近三分之一。

多花時間欣賞讓你驚嘆的事物。幸福專家葛瑞琴・魯賓（Gretchen Rubin）幾乎每天都會到紐約大都會博物館報到。將敬畏體驗融入日常生活，例如欣賞夕陽西下的美景、研究浩瀚的宇宙，或是任何能震撼你心靈的事物與景象。

如果你能空出一天給自己，可以嘗試最後一個練習——散步。有個知名的禪宗公案，一位小和尚看到一位老和尚在散步，問他要去哪裡。[12]「我在朝聖，」老和尚說。小和尚問：「朝聖會帶你去哪裡？」老和尚答道：「我不知道。不知道才最貼近內心的狀態。」

這位老和尚全心觀察自己走路的過程，沒有任何意圖，也不做任何評價。生活中一些最深刻和最私密的體驗往往發生在路途上。你專心觀察走路，沒有明確的目的地，也不預期得到什麼外在回報。嘗試空出一天的時間，像那位老和尚一樣，專注於當下與體驗。一日之計在於晨，這時對自己說：「我不知道今天會發生什麼，但我開心接受。」一整天都把注意力放在我以外的事上，勿評價周遭世界，盡量避開與自我相關的一切。如果你真的想冒險嘗試新的事物，建議你可以開車出遊，來一趟沒有明確目的地的一日遊。

停止在意他人的看法

聖經有一句大家耳熟能詳的經文：「你們不要論斷人，免得你們被論斷。」[13]以健康的方式關注他人和外在世界，幫助我們遵守或實踐「不要論斷人」的部分。接下來將討論經文的第二部分：不要被論斷，或者至少不要太在意他人的看法。

值得注意的是，關心和關注他人，大不同於擔心他人**對你**的看法。前者是助人與善舉；後者多半是自我中心還有害心理健康。實際上，若要成功管理情緒，我們幾乎每個人都需要盡可能少在意他人對自己的看法，只不過這比擺脫鏡子還困難。不妨想想自己上一次被人批評的情況——某個你肯定不會邀請到家裡作客交談的陌生人，你卻讓他進入你的腦海，為他的批評而糾結難平。也許是社群媒體上的酸言酸語，也許是工作同仁輕蔑的攻擊。你責備自己幹嘛在意，但你確實在意了。對大多數人來說，壓力的來源之一就是他人對自己的看法。許多人深受批評所傷；有人為了贏得陌生人的肯定付出莫大的努力；有人甚至整夜輾轉反側，反覆思考他人對自己的看法。

為什麼會這樣呢？又一次是因為大自然把我們的生活變困難。我們天生關心他人對我們的看法，而且我們對此執迷不悟。正如羅馬帝國斯多葛學派哲學家皇帝奧理略（Marcus Aurelius）在距今近兩千年前所言：「我們愛自己勝過愛別人，但在乎他人的意見勝過在乎自己的。」不管這個他人是朋友、陌生人還是敵人。[14] 因此，在意他人的眼光甚至比過於關注自己，更不利自己追求快樂。

在乎他人的意見可以理解，而且一定程度上也合理。你信任自己的看法；你的看法通常深受與你有相似看法的人影響，因此你自然會採信他們的看法，不管你是否願意這麼做。[15] 影響所及，如果有一位同事說某電視節目很棒，該節目在你心中的評價至少會稍稍高些，說不定你還會想看一看，證明是否名不虛傳。

你特別在意他人對你的看法，演化論可以解釋這現象：就整個人類史，人類的存續須依賴緊密相連的家族和部落。現代文明結構（如警察和超市）出現之前，被自己所屬的部落驅逐，意味得面臨凍死、餓死或被巨獸生吞等風險。這解釋了為什麼你的幸福感包括他人的認可，以及為什麼你遭社群排擠時會刺激大腦裡調節身體疼痛的腦區——背側前扣帶皮質（dACC）[16]（順帶一提，神經科學家已經發現，針對背側前扣帶皮質、緩解身體疼痛的非處方藥——乙醯胺酚〔acetaminophen，又名泰諾〕也可用來降低被排擠造成的負面感受！）。[17]

不幸的是，追求他人認可的本能，在現代生活變得很不實用。過去，你可能因為被部落驅逐到荒郊野外，一個人孤苦無依而感到恐懼。今天，你突然出現強烈的不安與焦慮，可能是因為網上陌生人對你發表的一條負評「拉黑」你；或是一位路人甲拍下你出包的穿搭然後上傳到Instagram，讓你飽受他人嘲笑。

爭取他人認可的傾向可能是天生的，但如果放任它左右你，可能會逼得你抓狂。如果你能保持百分之百理性，就會明白，他人的看法對你造成的恐懼，其實被你大幅放大，導致你杞人憂天，事情實際上鮮少嚴重到值得你煩心。但我們並非完全理性，這個習慣已經根深柢固，持續非常長的時間，久到我們幾乎記不得從何時開始。

因為得不到他人認可所導致的焦慮可能會升級為嚴重的恐懼，最糟糕的情況是「意見恐懼症」（allodoxaphobia）。[18]不過，大家別擔心，這種情況很罕見。即使不到那種嚴重程度，擔心他人的看法還是可能會影響你處理日常工作的基本能力，比如決策能力。當你考慮自己在某場合該做什麼時，例如是否該在小組裡表達意見，你的大腦內會自然啟動一個心理學家稱為「行為抑制系統」（ＢＩＳ）的網絡，幫助你評估情況並決定如何行動（尤其會評量不適當行為導致的風險與成本）。[19]當你能充分掌握所處的情境，ＢＩＳ會停止活動，改由「行為激發系統」（ＢＡＳ）登場，ＢＡＳ專注於評量可得的報償。然而，研究顯示，擔心他人的看法可能會讓ＢＩＳ保持活躍狀態，壓抑你採取行動。[20]如果你常在互動結束後，後悔自己錯過表達意見的機會，自責自己該說卻沒有說，這可能代表你過度在乎他人的看法而影響自己的行為。

你害怕他人對你的看法，因為負評可能讓你感到羞愧，咸信羞愧讓你自覺一無是處、無能、不光彩或不道德。由於我們很看重他人的想法，所以聽到負評，會開始對自己感到羞愧，擔心自己一無是處。羞愧感讓人害怕是有道理的，因為研究清楚顯示，羞恥感既是憂鬱症和焦慮的症狀，也是肇因之一。[21]

在《道德經》中，古代中國思想家老子寫道：「富貴而驕，自遺其咎。」（在乎他人的看法，你將成為他們的囚徒。）[22]老子無疑是想用這句話提出嚴重的警告，但這句警語更像是希望和機會。說到底，別人的認可所構築的牢籠是你一手建造，由你維護、由你看守。你可以在老子的原文後面加一句話：「不理會他人的想法，監獄的大門將會敞開。」如果你被囚禁在羞愧感和他人眼光的牢籠裡，不要氣餒：你握有通向自由的鑰匙。[23]

請記住，本書的焦點是多關懷他人，而非太在意他人對**你**的看法。要做到這一點，其中一個辦法是提醒自己，**根本沒人在乎你的一舉一動**。若因為別人對你的看法而感到自卑，其實是你想多了。他人沒有你想的那麼在乎你，所以對你的評價，不管是好是壞，無須過度在意或擔心。研究顯示，我們普遍高估別人對我們一舉一動以及成敗的在乎程度，這會讓我們過度壓抑與約束自己，連帶降低生活品質。[24]或許你的追隨者或鄰居正在關注你，可能對你的評價偏低，但他們也可能沒有在關注你。下次當你非常在意別人對你的看法時（自我意識過剩時），提醒自己自省，思考自己為何變得這麼關注自己的行為與外貌。此外，大可放心地假設周圍其他人也正經歷和你類似的情況。

其次，克服羞愧感。羞愧感多半是過度在意他人的看法使然，所以你應該正視這個問題。有時候，一點羞愧感是健康且必要的，比如當我們因輕率或不耐煩說出傷人的話時，感到羞愧會幫助我們自省，避免重蹈覆轍。但大多數時候，羞愧感其實沒有必要，也很可笑，例如不小心忘記拉上拉鍊，或是頭髮不聽話等等，你都沒必要為此感到羞愧。

我們當然**不**建議你故意不拉上拉鍊到處趴趴走。但請你反問自己：**是否因為覺得尷尬或丟臉而隱藏了一些事？**我下定決心不再隱藏，進而克服那種無用、限縮自己的羞愧感。我們向你保證，一旦你透過後設認知，了解造成自己羞愧的原因，並決心不再受其限制，你會感到更自信也更快樂。

不要灌溉嫉妒的野草

我們過度關注自己的另一種形式是深陷嫉妒這種致命的罪惡。當我們嫉妒他人時，會過於關注自己擁有或缺乏的東西。再次強調，嫉妒可能只是外顯的行為或態度，實際上反映你內心渴望擁有卻得不到的東西。這種傾向會破壞我們的人際關係，無法友好地對待他人，無法真正享受生活。

十四世紀義大利詩人但丁在《神曲》的《煉獄篇》第十三曲中，描述在世時被嫉妒心佔據的人，在陰間受到的懲罰。他們坐在懸崖邊，一個不小心就可能掉下萬丈深淵。因為嫉妒始於他們能看見，所以他們的眼睛被鐵絲縫住。為了避免墜落深淵，他們互相扶持依靠，這是他們在世時從未做過的事情，[25]算是相當嚴厲的懲罰。

也許你不像但丁那麼關心死後的懲罰。大量證據顯示，怨恨他人擁有而自己所缺，但又非常渴望擁有，這種感受可能會讓你陷入痛苦。我們都知道嫉妒是什麼感覺——讓我們的愛變調，讓我們的靈魂枯竭。讓我們不僅在意自己，還特別在意**我們缺少**但別人擁有的東西。它喚醒我們內心醜陋、邪惡的想法，這些負面想法源於看到別人幸運或成功，相形之下，令我們感到不足，因此心生嫉妒。正如美國作家約瑟夫・艾普斯坦（Joseph Epstein）所寫：「在七宗罪中，唯獨嫉妒一點也不好玩。」[26]簡言之，嫉妒是毀掉幸福與快樂的殺手。

不幸的是，這完全是天生的，沒有人能夠百分之百不嫉妒。其實不難解釋嫉妒進入我們基因的演化史。我們會透過和他人比較，了解自己在團體或社群裡的相對地位。然後根據比較結果，決定自己該如何努力，確保自己在資源有限的社會保持競爭力，以及具有足夠的吸引力，吸引潛在交配對象，成功繁衍後代。當我們看到自己落後其他人時，我們感受到的痛苦會化為動力，激勵我們努力提升自己，或是摧毀他人。所有這一切在遠古時代可能關乎生死存亡，但在今天則已過時。你不太可能因為你在社群媒體貼文的流量不如他人而孤獨終老，但痛苦可能同樣劇烈。

一些學者根據我們因嫉妒而做出的行為反應，將嫉妒分為**良性嫉妒**與**惡性嫉妒**。[27]前者令人痛苦，但可激發自我提升的動力，想仿效被自己嫉妒的對象。反之，惡性嫉妒導致純破壞性的行為，諸如有敵意的想法、傷害對方的行為等等。當你認為另一個人得到讚美是實至名歸，你會出現良性嫉妒；當你不認為他該獲得讚美，你會出現惡性嫉妒。[28]這就是為什麼你可能會嫉妒一位響叮噹的戰爭英雄，但你不會對他心懷惡意；不過聽到一位真人實境秀明星被捕，你卻感到開心。

嫉妒，尤其是惡性嫉妒，對你非常有害。首先，你確實會感到痛苦。神經科學家發現，嫉妒會刺激你大腦的背側前扣帶皮質，正如之前所言，這是我們處理痛苦的腦區。[29]嫉妒也可能損害你的未來。在二〇一八年，學者對隨機選取的一萬八千名受試者進行調查，結果發現，嫉妒是預測他們未來心理健康和幸福感是否下降的主要因素。[30]一般情況下，隨著年齡增長，心理理應會愈來愈健康；但是嫉妒可能阻礙這個趨勢。

不同的人嫉妒的對象也不同。一些研究顯示，嫉妒的對象會隨著年齡的增長而出現變化。[31]年紀輕的人可能更容易因為別人學業優異、人緣佳、好看的外貌和不錯的戀愛運而感到嫉妒。年紀較大的人通常不太在意這些事，但可能會嫉妒有錢人。這個差異也許有道理；年輕的你自然會追求能夠過上優渥生活、建立家庭的機會；年紀漸大，你會更重視經濟安全。

要讓自己感到嫉妒，得遇見或接觸到看似比你幸運的人。在日常的人際互動中，嫉妒是常見的情緒反應。但如果我們被一大群陌生人圍繞，這些人精心策畫他們的生活，盡可能讓他們看起來光鮮亮麗、成就非凡、幸福快樂，這時會讓我們的嫉妒心爆棚。顯然，這是指社群媒體。事實上，學者甚至使用「**臉書上的嫉妒心**」（Facebook envy）描述社群媒體能為嫉妒這種破壞性情緒創造獨特有利的條件。[32]實驗顯示，被動瀏覽臉書（雖然社群媒體不只臉書）會升高嫉妒心，多少會影響與降低自己的幸福感。[33]

那麼，有什麼方法可以讓嫉妒降到可以管理的程度？十五世紀義大利知名富商科西莫．德．梅迪奇（Cosimo de' Medici）將嫉妒比作自然存在的有害野草。[34]他的建議不是要我們根除它，因為這徒勞無益；而是不要去**灌溉滋養**它。以下提供三種方法。

首先，關注他人生活中普通平凡的部分。嫉妒這種有害的野草，要靠我們關注才會成長蔓延。我們會全神關注別人擁有我們想要但沒有的東西。例如，你可能會嫉妒某個影視明星的名氣和財富，想像擁有這些東西會讓你的生活變得更輕鬆、更有趣。但是不妨再深入思考一下。你**真的**相信那位明星的生活如此美好精彩嗎？她的財富和名氣是否讓她擁有幸福的婚姻？能夠消除她的悲傷和憤怒嗎？很可能不會；搞不好恰恰相反。

心理學家已經證明，我們可以利用觀察他人的平凡生活降低嫉妒感受。在二〇一七年，研究員要求受試者思考人口統計學背景與他們相似但生活條件遠優於他們的人。結果發現，只關注這些人光鮮的一面，會讓受試者覺得自己的生活不如對方，因而出現嫉妒的負面感受。[35]然而，當他們根據指示，思考這些人肯定也經歷和他們一樣的起伏與困難時，嫉妒感受就會減弱。

其次，關閉嫉妒製造機。以下與社群媒體有關的三件事會點燃你的嫉妒心：一，讓你看到比你好命的人過著優渥的生活；二，有了社群平台，任何人都可輕而易舉地向廣大群眾炫耀自己的好運；三，靠著連結，你和不屬於你實體生活圈的陌生人在同一個虛擬社群相遇，然後你開始進行各種比較。[36]名人和網紅的貼文特別容易引起強烈但實無必要的嫉妒感受，解決方法不是放棄社群媒體；而是取消關注你不認識的人；如果僅因為網友擁有你渴望的東西，你才瀏覽他們的貼文，也請取消關注他們。

第三，公開你灰頭土臉、不讓人羨慕的一面。這點類似於克服羞愧感的做法——重外（他）而輕內（我），亦即多關懷他人、別太過度在意他人的眼光。當你努力克制對他人的嫉妒心時，也請停止讓自己成為別人嫉妒的對象。對陌生人展露自己的強項，隱藏自己的弱點是人之常情。這麼做會讓你心情好，但卻是錯的。掩蓋真相對自己和他人來說，可能是造成焦慮和憂鬱的原因。二〇一九年的一項研究顯示，當我們侃侃而談自己的成就時，也能誠實地揭露自己失敗的經歷，周遭的他人會較少出現惡性嫉妒。[37]但謹記一點：你必須確實經歷這些挫敗，而非編造。所謂故作謙虛的炫耀，亦即表面謙遜實則炫耀，很容易被對方察覺抓包，反而會讓你更討人嫌。[38]

準備進入下一個階段

前三章都是關於改變態度。希望大家別再期待外在世界先改變，自己才能過上更好的生活。還是先努力改變自己和學習管理情緒比較要緊。

再次強調，這不代表你要壓抑、隱藏或根除情緒反應，就連負面情緒也無須這麼做。生活遭遇困境時，冒出負面感受讓人並不好受，它們從來都不會讓人好受。它們也不好處理，對於某些人來說，更是難上加難。但情緒反應有其必要，也可以被管理。透過努力和練習，你可以善用後設認知有效管理負面情緒。你可以練習情緒替代。你可以學習減少過度關注自己，這會讓你如釋重負。

這一切都需要練習，而且不容易，級別難度屬於「大師級課程」。你做不到一百分，因為管理情緒很難，有時很順利，有時會遇到挫折。但絕對可以做到，你做得到的。當你愈來愈進步，你會變得更快樂，你周圍的人也會變得更快樂。更重要的是，情緒管理讓你不再依賴我們通常用來逃避不適的各種不健康方式，讓你集中精力，專注於真正重要的事情上。

到底有哪些重要的正事可以幫助你打造你想過的生活？這是我們接下來要著墨的要點。

第2部

追求真正重要的東西

真正重要的四件正事

前面三章的重點是自我情緒管理，目的是讓你變得更幸福快樂，不受情緒的支配與束縛。一如改善身體狀態需要通盤計畫，自我情緒管理也是一個通盤的綜合計畫，目的是讓你更開心、更健康。不過維持健康的身體可不只這些好處，它還能讓你有機會體驗許多新鮮的事、更自在地享受生活，例如更積極活躍，更常參與社交聚會。同理，自我情緒管理讓你做好準備，願意採取重大而積極的行動，打造更幸福的人生。

正如第一章點出的重點，快樂包括享受、滿足和目標這三大要素。要打造幸福人生，我們需要有自覺、有意識地不斷精進這三要素。

學習並精進自我情緒管理的技能（後設認知、情緒替代、停止過度關注自我）之前，我們往往會花很多時間追求不重要的事，以至於難以專心追求享受、滿足、目標這三大快樂營養素。造成這現象的原因是：我們內心的衝動會受到消費經濟、娛樂和社群媒體的影響繼而被放大，誘惑我們花時間關注或追求不重要的瑣事，例如財富、權力與社會地位、物質享樂和舒適生活、名氣，或是他人的關注。這些誘惑存在已久，並非新鮮事。早在十三世紀義大利哲學家和神學家托馬斯．阿奎那（Thomas Aquinas）就列出了我們過度追捧的「偶像」：金錢、權力、快樂和聲望，這些偶像不但佔據我們的時間也浪費我們的生命。

這些偶像妨礙我們追求享受、滿足和目標這三大滋養幸福快樂的營養素。追捧偶像的結果是：以愉悅取代享受；將享樂跑步機的步速調至「特高」，導致更難以實現與維持滿足的狀態；讓我們的注意力集中在顯然無關緊要、不具意義的瑣事上。這四個偶像讓我們與幸福快樂的距離愈來愈遠。

那麼為什麼我們要追捧這四個偶像呢？原因類似於我們不開心但無法改變外在環境時，習慣做的逃避行為：轉移注意力（distraction）。不妨想想你上次因為飛機延誤而在機場枯等幾小時的情況。儘管沮喪，但又無法改變現狀，你可能開始滑手機，藉此轉移注意力以及打發時間。

同理，這四個偶像也是為了轉移我們的注意力，讓我們可以逃避或不去面對那些我們不喜歡但又無法掌控的情緒狀態。你對婚姻感到不快嗎？可以靠「購物療法」，讓你的思緒暫時遠離不快的感受幾分鐘。工作讓你不堪負荷嗎？瀏覽社群媒體或看些可笑的影音視頻一小時，讓自己暫時遠離煩惱。感到孤單嗎？一些名人八卦可分散你的注意力。我們周圍充斥琳琅滿目的商業廣告，方便得很，隨時可滿足你轉移注意力的需求（不快樂的人可是最佳消費者）。

這些轉移注意力的方式只是短暫的麻醉劑，不能解決問題。儘管它們能讓我們逃避不舒服的感受，但同時也阻礙我們進步。更糟的是，我們可能會對它們上癮，進一步惡化情緒對我們的控制。

情緒自我管理會降低這些方法對我們的吸引力。如果你可以打電話給某人解決航班延誤的問題，你會立刻這麼做，而不是在手機上虛擲時間。我們若擁有管理情緒的工具，讓我們分心的誘惑和浪費時間的東西，對我們已無強烈的吸引力，也就沒時間浪費在這些事情上。我們不再動彈不得。我們有意願也有能力為未來採取行動，不會坐以待斃，浪費當下的時間。

這下扯出另一個大哉問：**我們應該把注意力集中在偶像之外的什麼地方？**如果我們想要打造更幸福的生活，而且現在也有時間與精力採取行動，應該在哪些基石上打造幸福的人生呢？

關於這個問題有成千上萬篇學術文章，還有更多文章出自心靈成長大師。你可以在清單上列出一萬個原子習慣，逐步提高你的幸福水平。你也可以在網路上找到成千上萬未經專業認證的幸福「秘訣」，然後跟練（通常少不了支付月費）。

幸運的是，綜合分析一流的社會科學研究後發現，僅有四個幸福支柱的重要性名列前茅，遠超過其他因素，值得我們關注。我們在提升自己的生活以及關懷所愛的人時，應該特別重視這四個面向。學會情緒自我管理後，我們有了更多的時間、注意力和精力，應該把它們投資在這四個支柱。

這四個支柱分別是家人、友誼、工作和信仰。

- **家人**。家人是我們的親人，通常是命運的安排與贈與，我們沒有選擇權（除了配偶之外）。
- **友誼**。指的是一種連結，對象是我們深愛的人，但與我們無血緣關係。
- **工作**。為了麵包而勞動；替自己以及他人的人生創造價值而勞動。付出的努力可能有報酬、可能無報酬；工作地點可能在外或在家。
- **信仰**。並不是特定的宗教信仰，而是一個統稱，指的是對生活有一種更深層次的觀點和態度。

這些是打造美好人生的支柱，但不代表沒有其他重要的事情。例如，你當然需要照顧健康、保持心情愉快、睡眠充足、聰明理財等等。但家人、友誼、工作和信仰是最重要的四大支柱，生活中的一切幾乎都靠它們支撐。

這四個領域當然充滿挑戰，其中一些挑戰非常難以克服，所以我們經常會分散注意力，逃避面對它們。不過現在我們憑著精進的情緒管理能力和日益堅定的決心，有關家庭、友誼、工作和信仰等領域帶給我們的挑戰，反而提供我們學習的機會，讓我們可以在愛和幸福的包圍下不斷成長。因此，接下來的四章，我們將聚焦在這四個支柱。

歐普拉的話

對於如何變得更幸福快樂，我的知識多半來自於經驗，包括我自己的經驗以及其他許多人的經驗。反之，亞瑟透過學術研究探討幸福快樂。這是我和亞瑟大致上的區別：需要解釋某現象或某觀點時，我總是有故事，而他總是用研究（或是引述古代思想家的名言）做後盾。在這方面，我們確實不同。

然後還有史帝曼．葛瑞漢（Stedman Graham），我的人生伴侶，至今已陪伴我三十年。我們曾一起在西北大學凱洛格管理學院共同教授一門領導力課程，學生對我們兩人南轅北轍感到訝異。他擅長策畫、制定策略，不會在沒有設定目標與願景的情況下貿然採取行動，無論是打高爾夫球還是與中國商人打交道都不例外。我剛好相反，習慣想到什麼立刻去做，憑著直覺和本能進入下一步。他從不在意其他人的看法。我則在成年後，一直努力改變自己習於討好人的行為。

還有我的摯友蓋爾．金（Gayle King）。根據性格測試的結果，我是「法官型」，蓋爾則是「啦啦隊長型」。我保持冷靜，她很嗨。我喜歡安靜地開車，她喜歡開著收音機（而且特別喜歡跟著哼唱）。我們一起離開一個活動時，我會說：「呼，我迫不及待要回家。」蓋爾則會說：「我還以為我可以待整晚呢！」

事實證明，亞瑟和我、史帝曼和我、蓋爾和我，我們彼此**互補**：不同的個性彼此截長補短。研究顯示，這正是建構最牢固、最持久關係的要素。

本書第二部將探討不同類型的關係。先從身邊人開始——你以及你與家人的相處方式——然後逐漸向外擴展到你的朋友、你的工作以及與你一起工作的夥伴。最後涵蓋你與「宇宙大神」的關係，無論你選擇什麼形式的精神信仰幫助你建立這種關係。

閱讀本書時，你會漸漸理解我所謂的內外悖論（inner-outer paradox）——事實上，正如本書前面所言，改善你內在狀態的最可靠方式是多關注外在世界，因為內在的幸福快樂來自於往外看。我並不是說幸福快樂得**靠**外在因素；我們已經發現，若把自己的幸福快樂寄託在改變對方或某物出現，勢必會與幸福快樂無緣。我的重點是，我們時時刻刻都在與他人、工作、自然、超自然力量等外在世界建立連結，我們愈努力改善這些連結，生活會愈開心。接下來的幾章，你將思索互動的對象有誰，以及如何改善與他們的互動。你得觀察自己周圍有哪些人事物？面對衝突時，你該如何反應？該如何刻意地提高自覺強度，然後採取更有意義的行動？

這些問題導出另一個悖論，我稱它為「不黏的黏」（detached attachment）。我已經學會過上這樣的生活，我黏自己熱愛的工作、我創造的事業、我身邊重要的親友。但這種黏又不會到太黏的程度，亦即不涉及期待。這是我在電影《魅影情真》（*Beloved*）上映後，吃了苦頭學到的寶貴教訓。我花了十年時間才讓我非常喜歡的原著小說，成功改編成電影上映。然而電影票房失利，我的心情也跟著陷入谷底。

儘管當時這個挫敗似乎壓垮我，但到頭來也因為這部電影，我才得以解脫。如今，我所做的一切、創造的一切、提出的任何建議或想法，都只是一種不求回報的奉獻。如果有效，那就有效。如果被接受，那就被接受。如果沒有，我也沒有失去什麼，因為我對結果沒有任何黏性。這讓我變得更快樂，我也希望你們能有同樣的體悟。但我只能做到希望，至於你要怎麼做，完全取決於你自己。

第5章 沒有完美的家庭

四十歲的安琪拉說：「當我與家人在一起時，覺得最快樂。」她結婚十四年，育有三個孩子，年齡最小四歲、最大十二歲，家庭佔據她生活中最重要的位子。她找了兼職的工作，毫無疑問，工作的重要性絕對排在家庭之後。

那麼，什麼時候她覺得**最不快樂**？被問及這問題時，她思考了一會兒，然後笑笑地坦言道：「可能是回到家與家人在一起的時候吧。」

安琪拉的經歷並非特例。家庭關係讓我們有歡樂有痛苦，讓我們經歷生活的高潮和低谷。首先，很少有東西能像家庭和樂讓人感到心滿意足。二〇二一年皮尤研究中心（Pew Research Center）針對十七個已開發國家中的十四個國家所做的研究發現，大多數美國人和其他已開發國家受訪者都認為，家庭扮演重要角色，是他們生活中最重要的意義來源之一。[1]另一方面，很少有什麼比家庭衝突更令人不安，即使你是最穩定冷靜的人，也可能因家庭而焦慮或失控。美國人非常關切親人的健康和生死，這是他們最常見的恐懼，在研究中排名第二和第四[2]（如果你好奇，排名第一和第三的恐懼分別是政府官員貪腐與核子戰爭）。由於家庭的角色非常關鍵，所以是實現更幸福生活的第一個支柱，也是提高幸福狀態的最佳與最可靠途徑之一。

大多數人都說他們想要「幸福的家庭」，到底這是什麼意思呢？一般情況下，我們對「家人」的定義是，與你一起生活的人，彼此靠血緣、收養或婚姻產生關係，對象包括：孩子、父母、兄弟姐妹和配偶。確定家庭的組成分子，這部分大家見解還算一致。較麻煩的部分在於，家庭成員對於「幸福家庭」有不同的見解，甚至對「幸福家庭」是否存在都打上問號。如果你的參考對象是電視劇（通常不建議這麼做），你會認為理想家庭應該像《天才小麻煩》（*Leave It to Beaver*）或《脫線家族》（*The Brady Bunch*）。但這種家庭在現實生活中並不存在。

也許幸福的家庭最終還是取決於孩子。古諺：「天下父母心。」對於父母而言，最絕望的時刻就是看到孩子受苦卻愛莫能助。所以幸福的家庭也許就是孩子無憂無慮，不過能讓父母百分之百放心的孩子少之又少。那麼換個定義，幸福的家庭是否是父母婚姻美滿？還是父母工作穩定？全家人健康無病無痛呢？老實說，我在現實生活中，從未見過。

事實上，真正「幸福」的家庭只存在於溫馨家庭劇的編劇筆下，這種理想家庭在現實生活中並不存在。現實生活中，家庭由想法與個性各異的成員構成。所以家庭成員之間的愛可能是最神秘難解的一種——是命運的安排（饋贈），你無法選擇。影響所及，衝突在所難免。即使家庭關係在最好的狀態，家人間出現緊張關係也是正常現象，畢竟危機也是家庭生活的一部分。用一組研究人員的話來說，家庭關係因「追求自主vs依賴家人；關切vs失望」無法平衡而磨損，變得緊張。[3]這個晦澀難懂的掉書袋長句，翻成大白話就是「家庭生活可能一團亂」。

在這一章，我們將探討導致家庭生活出現問題的五個常見挑戰。每個挑戰都類似本書前半部討論的問題。不出所料，每個挑戰都有通用的解決辦法。請大家謹記：挑戰其實是學習的機會，只要能夠應用本書前半部學到的工具和方法，家庭成員有機會在這個獨特而強大的愛的環境中成長。

挑戰一：衝突

「幸福的家庭都是相似的，不幸的家庭各有各的不幸。」

這句話出自托爾斯泰的小說《安娜．卡列尼娜》的開場白。[4]故事以歐布隆斯基家族陷入混亂揭開序幕，因為丈夫出軌，妻子鬧著要離婚。當父母心煩意亂時，孩子們「在屋裡瘋狂亂竄」，家裡的每個成員都覺得似無必要繼續一起生活。

即使歐布隆斯基家丈夫出軌的問題從未困擾你家，但你家可能發生過其他衝突，它們可能讓你極度不開心，也許你還將衝突視為一切都是你的錯。其實衝突導致的家庭不幸只是一個訊號，顯示某些重要的問題需要被關注。你之所以感到不快，因為你在乎你的家庭。如果你不在乎，照理你對自家衝突的反應，就像你對街尾另一家衝突的反應一樣：或許會稍稍關心和同情，但肯定不至於感到痛苦。

此外，你很清楚，逃避衝突與不快絕非改善生活的正確方式。不妨把衝突想像成在餐廳吃完一頓佳餚後結帳：除非不點餐，否則帳單不可能是零。衝突是得到滿滿愛的代價（帳單）。你的目標不是讓衝突完全消失——而是應以後設認知的方式管理衝突，盡可能用正面情緒解決衝突，必要時減弱衝突造成的負面影響。

造成家庭衝突的原因是什麼呢？整體而言，源於家庭成員對於彼此的關係以及每個人該扮演的角色，有不一樣的見解與認知。換句話說，是彼此的期望不一致所致。例如，父母多半認為家人之間應該彼此愛護和關心；孩子則強調家人之間應該互相協助。研究顯示，父親認為自己對親子關係付出很大的努力與時間，但孩子卻不這麼認為。[5]同樣地，孩子們認為，自己為這個家幫了不少忙，不過他們的父母似乎也不這麼認為。[6]成員之間的期望和感受不一致會導致不滿，當對方的表現不符你的期望，你自然會心生不滿；若對方根本沒有注意到你已心懷不滿，情況會更糟。

還有很多地方常常存在現實和期望之間的落差。例如，辛苦打拚掙錢的父母，期望孩子有更大的抱負，但孩子在學業上可能不夠努力；孩子成年後，可能放棄結婚或生子，令父母失望或不滿。此外，父母可能在財務上不再支持已成年的子女，子女抱怨父母自私；或是父母更關心自己的生活，較少關注孩子和孫子的生活，同樣會讓彼此產生疙瘩。兄弟姐妹之間也可能在各方面未能相互支持。

不符彼此預期的最極端形式是價值觀衝突，家裡其中一名成員拒絕其他成員的核心價值觀。例如，孩子拒絕父母的宗教信仰，或宣稱父母的觀念違背道德。我們經常聽到這樣的故事，成年孩子放假從大學返家，對父母直言，他們的做法與觀念全都大錯特錯。

一些衝突可能導致關係決裂。二〇一五年的一項研究發現，年齡介於六十五歲至七十五歲之間且至少有兩名成年子女的受訪母親中，約十一%與至少一名子女完全斷絕關係，形同陌路。[7]研究員也發現，這些例子中，不乏因為價值觀衝突；至於違反行為常規（例如，違反家人宗教信仰的行為）通常不是造成關係決裂的主要原因（花點時間思考以下這句話的含義：你的家人通常更在意你對他們的信仰與信念有什麼看法，比較不在乎你的生活方式與行為舉止）。

承認家庭衝突是好事，因為有助於改善溝通，並提供解決問題的機會。反之，否認衝突毫無幫助，因為家庭衝突多半不會因為時間一長而自動化解。其實，研究顯示，如果不處理衝突，隨著年齡漸長，父母與子女、兄弟姐妹之間的關係將持續緊張，不會自動改善，這種現象多少可根據「分歧隨時間不斷加深的假說」（developmental schism hypothesis）得到解釋。[8]因此，請接受這個事實：你家跟其他所有家庭一樣，所以務必抓住衝突提供的機會，努力改善家人的關係。以下提供三種方法。

首先，不要試圖揣測他人的心思。隨著時間推移，許多家庭愈來愈覺得無需用明確的語言溝通或表達想法，因為每個人都能有默契地互相理解對方。這樣做容易造成誤解。證據顯示，家人最好制定一套清楚的政策：亦即說出自己的想法並傾聽他人的意見。[9]例如可定期舉行家庭會議，在會議上，每個人都可以說出自己的想法與問題，以免它們惡化成嚴重的問題或誤解。[10]如果覺得說出來太尷尬，可以針對敏感話題定期舉行一對一會議。家庭會議的重點不是要求與會者改變他們對你行為與心態的反應；而是給他們一個機會傾聽你的看法，然後再做回應。換言之，你不應該在家庭會議之前，就臆測他們會如何回應你的看法。

第二，過好**你自己的**生活，但不要求家人改變**他們的**價值觀。家人關係形同陌路是一種悲劇——對於受虐的個案而言，疏離恐怕無法避免；但若是因為自尊心而彼此互不相讓，應不至於到疏離的地步。你必須自己決定，是否有必要加深分歧，正如上述研究發現，家庭成員（尤其是父母）較容易接受彼此在生活方式上的差異，但無法接受或容忍彼此不同的價值觀，因為他們可能將這種差異視為對他個人的否定。[11]

有些人為了家庭和諧，選擇不與家人分享自己的價值觀，或是選擇在不同場合表達不同的價值觀，這聽起來也許讓人覺得你前後不一致或虛偽，但實情不然。很多人不與家人分享價值觀，但他們能夠容忍或接受家人擁有不同觀點，不會因此覺得受傷或憤怒。正因為他們不強迫家人改變想法，正因為他們不堅持看法要一致，所以不會因為價值觀不同而感到委屈或憤怒。

第三，不要把家人當成情緒提款機。當你把家人視為單向提供協助與建議的救命閥（通常是父母付出，子女接受），往往會導致不平的情緒。諷刺的是，不平的情緒多半是雙向的；對話、探視、打電話變得讓人心累與不耐煩，互動陷入重複單調的模式，沒有真正的溝通交流。我們認為，這可能源於家庭成員之間的角色與互動關係，沒有隨著時間加以調整。例如，如果你已長大成年，也許爸媽仍然把你當小孩對待；而你也很少或從不詢問父母的生活點滴，或真正關心他們的內心世界。

不要期待家人隨時提供你睿智的建議或協助，也別期待他們主動停止多管閒事，停止對你下指導棋；我建議你主動以對待朋友的方式對待家人，亦即慷慨地付出，以及心懷感恩地接受他們溫暖的支持。研究顯示，當成年子女和父母互動時，彼此能夠考慮對方過去的經歷以及不足，亦即理解對方是獨特的個體與真正的人，雙方的關係可得到極大改善。[12]

挑戰二：互補性不足

在某些家庭關係中，你可能預期會出現相當多的衝突，比如青少年和他們父母的衝突。除此之外，還有其他類型的衝突。因為文化告訴我們，衝突不可取，因此我們害怕衝突，視衝突為威脅。

最好的例子是夫妻或戀人之間的衝突。夫婦或男女朋友爆發不和，這絕非好事，反而是雙方關係出了什麼問題的證據。那麼你該如何避免與另一半發生衝突？最好的辦法是找個與你在多方面相似或相容的伴侶，對吧？根據古老的智慧，戀愛關係要成功，雙方需要高度的相容性。換言之，若另一半在很多方面與你相似，雙方可減少摩擦和衝突。如果你找到一個各方面相容的人，你們之間的吸引力會更強烈，關係會更穩固，這也正是傳統的看法。

但實情不然。約會中的男女朋友可提供證據。他們幾乎每個人都使用約會軟體，所以愈來愈容易找到在各方面都相容的對象。在你真正見到約會對象之前，你可以利用程式進行各種篩選，提高配對成功的機率，找到與你各方面匹配的「合適」對象，這麼做的確是「事半功倍」，對吧。但有個奇怪的現象：大多數「約會男女」，也就是尚未成為正式男女朋友、但希望進入穩定男女朋友關係的人，或是還沒準備好認真交往的「隨性約會」（date casually），都在兩人世界裡遇到了挑戰。[13]二〇二〇年的一項調查發現，六十七%的受訪者表示，他們和約會對象的關係並不順利。[14]四分之三表示，找到約會對象並不容易。

其實我們愈追求相容性，就愈難遇到真愛，也愈難維持浪漫關係。一九八九年至二〇一六年期間，二十多歲已婚者的比例從二十七%下降到十五%。[15]而且，如果你認為這數據只反映了傳統婚姻的現況，同一項調查還發現另一個有趣的現象：十八歲至二十九歲的受訪者中，一年內沒有發生性行為的比例在二〇〇八年至二〇一八年期間幾乎增加了三倍，從八%飆升到二十三％。[16]

尋找與自己有諸多共同點的「同溫層」（homophily）是一種自然現象。人類是自我中心（egotistical）的生物，往往更容易對那些與我們相似的人（在社交和戀愛方面）產生好感。[17]以政治觀點為例，根據線上約會網站OkCupid在二〇二一年的一項調查，受訪的千禧世代中，八十五％表示潛在約會對象的投票意向對他們來說「非常重要或很重要」。[18]受訪的大學生中，七十一％的民主黨學生和三十一％的共和黨學生表示，他們不會和政治立場相左的人約會，所以不會和支持敵對政黨總統候選人的對象發展浪漫關係。[19]

說到教育背景，同溫層的現象更明顯。研究發現，對於千禧世代而言，教育程度是尋找約會對象最重要的標準，超越薪資、外貌、政治立場和宗教信仰。[20]研究還發現，四十三％擁有碩士學歷的受訪者會根據潛在約會對象就讀的大學評價對方。

擁有相似的基本價值觀，無疑有益於夥伴關係，但過於相似會造成嚴重的負面影響。浪漫愛情需要互補性，也就是說，需要存在差異。社會學家羅伯特・溫奇（Robert Francis Winch）在一九五〇年代提出互補關係的理論，他訪問已婚夫婦，評估婚姻成功和失敗的個案，分析受訪者的性格特徵，做出互補關係的理論。[21]他發現，感情最融洽的夫妻往往在性格上能夠互補對方的不足，例如外向的人搭配內向的人。

研究發現，當陌生人兩兩一組合作執行一項任務時，若兩人的個性互補，彼此會覺得合作更無間，反之若兩人個性相似，彼此關係較冷淡。[22]一項研究發現，受訪者描述他們理想的戀愛對象時，多半希望對方與自己相似，但真實生活的伴侶，個性卻與自己天差地別。[23]我們可能認為自己要找的伴侶必須與自己相似，但最終我們會和不同於自己的人建立長期伴侶關係。

差異性的吸引力可能具有生物學基礎。例如，科學家早已知道，父母的主要組織相容性複合體（MHC，基因組合）若差異很大，孩子的免疫系統會更多樣化。我們無法在第一眼看到潛在伴侶的MHC，並解讀分析對方的MHC，但有證據顯示，我們可透過嗅覺感知對方的MHC組成元素（儘管這是不自覺反應，因為我們的嗅覺神經元在我們無意識或不自覺的狀態下運作）。影響所及，我們更容易被基因「聞起來」與我們自己基因不同的人所吸引。[24]在一九九五年，瑞士動物學家要求女性受訪者嗅聞陌生男子連續穿了兩天的T恤。[25]結果發現，受訪者偏好的異味T恤出自MHC基因組合與她們差異最大的男性。研究員後來對不同族群做了類似研究，也得出相同的結論。[26]

儘管這些證據顯示，尋找約會對象時，的確不該找一個與自己太相似的伴侶。但今天美國人尋找伴侶的最常見方式（透過網站和應用程式），找到的多半是與自己相似的各種人選，欠缺多樣性。[27]演算法以非常高效的方式幫助使用者找到與自己相似的約會對象。[28]這可能會減少爭執，但若一味尋找和自己雷同的分身，你可能會忽視在心理上甚至在生理上與你互補的人選。

對於能夠維持長期關係的伴侶而言，他們也開始關注自己與伴侶是否有足夠的相容性。如果你和伴侶已維持了一段長期關係，並且想繼續維持下去，你可能會認為你們之間的相容性不夠。這當然有可能，畢竟每對伴侶都需要有交集與共同點。不過更有可能的是，真正的問題不在於相容性不夠，而是你和伴侶並未努力將彼此之間的差異轉化為健康關係所需的互補性。

為了讓愛情生活有更多的互補性，可以做以下三件事。首先，尋找雙方在個性和品味上的差異。例如，如果你正在尋找約會對象，可以在內向和外向的這個層面尋找與你相反的人。例如，外向的人可帶內向的人參加派對，體驗派對的樂趣；內向的人可對外向的人展示獨處的樂趣。兩人不但可互相學習還可豐富彼此的生活體驗（你將在下一章看到這點）。差異性可擴大潛在約會對象的人選，也會讓生活更有趣。如果你已結婚多年，請列出你與伴侶的相異點。例如，如果你是窮擔心的人，但你的配偶屬於神經大條型，也許對方「對生活中的大小問題不夠上心」讓你抓狂。但是你可以改變這個看法，重新將配偶視為幫助你輕鬆開心過生活的人（而你則是對方的雷達，提前意識到威脅逼近）。

其次，聚焦真正重要的事。太多的夫妻因為一些荒謬可笑的差異（如政治議題）而耿耿於懷。如果需要，夫妻倆不妨一起列出生活中一致認為最重要的十件事。如果你們有孩子，孩子可能會排在清單上的首位。親戚、信仰和工作都會高居清單的前段班。政治議題和其他讓人不快的爭議將排在清單的末段班（如果它們入榜的話）。現在努力把共處的時間聚焦在重要的事情上。

第三，如果你正在物色約會對象，最好請人居中媒合，而不是依賴機器或應用程式。過去三十年來，大家遠離朋友安排約會（相親）對象的趨勢明顯上升。根據DatingAdvice.com的數據，年齡介於五十四至六十四歲的人口中，逾半數曾經有過盲目約會（由他人安排約會，約會雙方互不認識）。相形之下，年齡介於十八至二十四歲的成年人中，只有二十％試過盲目約會。[29]乍看之下，這現象還算合理：為什麼要因為別人的推薦，而浪費一頓飯的時間與一個陌生人見面呢？還不如點擊幾下滑鼠就可找到更合適的人選。

如果你已經讀到這裡，你就知道原因了：傳統的盲目約會通常由了解你、並考慮你個性是否與約會對象匹配的人安排。你愈不依賴網路檔案篩選約會對象，就愈能擺脫先入為主的偏見的束縛，愈能依賴本能做出選擇，比如你的嗅覺。當然，唯有在你的朋友知道哪些人適合你，並為你安排機會認識對方，這個做法才會有效。如果你請朋友幫忙，但他們遲遲無法介紹合適的人選給你，這可能代表你需要擴大社交圈子。

挑戰三：負面情緒病毒

一個健康的家庭不是避免衝突的家庭。其實衝突不同於長期的負面情緒，後者可能會破壞家庭生活。

在一個家庭裡，或者在任何一個關係緊密的群組裡，周圍氣氛會決定成員解決問題的能力。不妨把文化想像成室內溫度。如果你家的室溫是華氏一百度，你覺得太熱，無論你脫掉多少衣服，你仍然會覺得太熱。同理，家庭若充斥負面文化，解決問題根本是奢談，影響所及，成員沒有機會成長或學習，只會長期地不快樂。這多半是因為情緒會傳染（emotional contagion）所致，心理學家對這現象做了廣泛研究。[30]在充斥負面情緒的文化下，家庭成員不覺得有什麼具體的問題需要解決，但是「糟透了、遜斃了」的負面情緒像病毒一樣在家庭成員之間蔓延。

不受傳染性負面情緒的影響可能並不容易，更重要的是，當我們打心底愛著正在受煎熬的人（尤其是我們的家人時），我們並不想忽視他們的悲傷、挫折、恐懼或焦慮等情緒。我們想要幫他們一把，這是好事。一如若我們想要成長和解決問題，就不該迴避自己的負面情緒；同理，透過理解以及接納家人的情緒，可幫助所愛的人走出低潮。但是過程中，我們不必承擔他們的不快樂。

當然，情緒傳染不全是負面的。你可能想到有一些人的確能讓你開懷暢笑，或是讓你感到溫暖和慷慨。研究員甚至研究過正面情緒的傳染力，結果發現，若朋友或家人住在離你一英里的範圍內，如果他們過得開心，你跟著開心的可能性會增加二十五％。[31]但不快樂更具傳染性，而且傳播速度更快。[32]開會時，負面情緒可在短短幾秒鐘內蔓延整間會議室。

情緒藉由多種機制傳染給其他人，[33]最明顯的傳播途徑是對話。對話過程中，你透過面部表情、語調和姿態，傳遞你的感受，並從對方的面部表情等感受他們的情緒。你或許已經發現，與某些人互動時，即使對話內容並不有趣，你也會比平常笑得更多；與某些人互動時，你可能會雞蛋裡挑骨頭，抱怨連連。

你可能把在學校或工作時產生的負面情緒帶回家，說來弔詭，這並非在懲罰家人，而是因為你信任家人。如果你的小孩還小，你可能有過這樣的經歷。小孩一整天在學校的表現都不錯，但是一見到你來接他們放學，竟突然放聲大哭，並喋喋不休地告訴你一連串糟心事。這是因為他們信任你，並把一整天遭遇的難事都保留到見到你，才對你一股腦兒地訴苦。雖然這感覺像是在處罰你，實際上是愛你的表現（成人也會這樣，上班時一直保持微笑，回到家後卻抱怨不停）。

就生理現象而言，你多多少少會受到他人情緒的影響或「感染」。在一個實驗裡，有些受試者吸入惡臭氣味，有些受試者則只是觀看一個人露出嫌惡表情的視頻片段，結果兩組受試者受到刺激的腦區一致。[34]正如我們之前所指出的，在感受疼痛方面也有類似的研究結果——光是看到別人受傷或疼痛，你的大腦涉及疼痛的腦區會受到刺激，讓你也感受到類似的疼痛。[35]這對於共同生活的人來說尤其明顯。[36]

情緒傳染的概念並不新鮮。一千八百多年前，爆發令人恐慌的安東寧瘟疫（Antonine Plague）期間，羅馬帝國斯多葛派「哲學家皇帝」奧理略點出了情緒傳染的現象。[37]那場瘟疫每天奪去多達兩千條人命。[38] 奧理略寫道：「心靈的腐化遠比我們周圍空氣中存在的瘴氣和污染更可怕。後者是影響生物生命的疫病；前者是影響人類人性的疫病。」[39] 許多人在新冠肺炎疫情的封鎖期間，被迫與家人一天二十四小時在同一個空間內生活，因而對此現象深有同感。封鎖期間，最糟糕的情況通常是家庭成員中一旦有人情緒低落，會蔓延影響到全家人。同理，一家人出去度假時，你或許寧可感冒病毒在家人間傳播，也不想被負面情緒傳染影響心情，打壞一切遊興。

對許多人而言，避免被負面情緒影響就像避免被傳染病感染一樣，會盡量與不快樂的人保持距離。但是在靠著愛，成功克服各種難關的家庭裡（尤其陷入低落情緒的人若是配偶、父母、子女或兄弟姐妹，而你又選擇繼續和他們住在同一個屋簷下），你可以參考以下四個做法，讓你在幫助家人的同時，避免被負面情緒拖累（勒索）。

首先，正如本書一直強調的，「先替自己戴上氧氣面罩。」嘗試改變家人的不幸前，先關注自己的幸福狀態與心理健康。不過研究結果不是說，你應該多關注他人嗎？乍看之下，這兩個說法似乎互相矛盾。其實不然，正因為你照顧好自己，**才有能力**幫助他人。假設你和不開心的父母住在一起，或是住得很近，記得每天都要照顧好自己，可以透過運動鍛鍊、打坐冥想、打電話給朋友等等，確保自己身心健康。如果可以的話，每天和父母分開一至兩小時，利用這空檔專注於你喜歡和心懷感恩的事情。這可為你累積你需要的幸福儲備，讓你有能力幫助其他人。

第二，如果可以的話，勿把負面情緒視為對你的攻擊。無論和對方是否存在衝突，習慣性認為別人的負面情緒與自己直接相關，是我的錯，這是人之常情的反應。將別人的負面情緒和衝突歸咎於自己，是讓負面情緒病毒擴散的最有效方式之一。研究這一傾向的心理學家發現，將負面情緒視為針對你個人，會導致你反覆思考這些負面情緒，影響所及，將不利你的心理和身體健康。再者，這會讓你迴避對方、意圖報復，因而影響你的人際關係。[40]

如果你關心家裡陷入情緒低潮的成員，甚至只是花些時間到他房裡陪伴他，你還是要每天提醒自己：「這不是我的錯，我不會將他的問題視為與我個人有關。」一如身體生病會有症狀，負面情緒也是生病的症狀。受情緒困擾的人可能因為極度受挫而對你發洩情緒，並責怪你，除非是你傷害了他們，否則你無須歸咎自己。

第三，用意外打破低氣壓。幫助他人改善情緒並不容易。比如說，當某人情緒低落，你口頭上鼓勵他「振作起來！」（心理學家稱這種方式是重構認知框架），往往會造成反效果[41]（試想有人在你情緒低落時對你說這句話，你會作何反應）。更好的辦法是讓不快樂的人投入他們喜歡的活動。研究顯示，積極參與令人愉快的活動相較於無所事事、壓抑負面情緒、幻想開心的美好時光等等，更能改善情緒。[42]

然而，這裡有個問題需要注意：研究員發現，預先想像讓你開心的活動（這是規畫或安排開心活動的必要步驟之一），會讓不快樂的人更不願意參與。因為心情低落時，自然會影響他們對活動的看法與態度，連帶影響他們參與的意願。例如你平時喜歡騎自行車，但當你悲傷或沮喪時，可能覺得騎車很無聊或無趣，因此不願出門。不過如果家人突然提議一起騎車，你可能會答應——而且很可能樂在其中。

最後，預防負面情緒蔓延。上述建議都是針對想要幫助不快樂家人的人。如果你才是情緒低落的人，別忘了你的親友也會想幫助你，這樣做可能會讓他們更快樂。更重要的是，愛你的人不希望看到你受苦。為了讓別人安心而自己一個人躲起來舔傷口或假裝開心，其實對誰都沒好處。

反之，你應該積極與他人溝通，維持健康的人際關係。也許這代表你向手足坦承：「我希望你知道，儘管我現在正經歷低潮，但這不是你的錯。」如果一天中某個時段情緒容易低落，那就把那個時段空出來，策略性地避免與他人接觸。總之，儘管你可能無法靠意志力改善自己的情緒，但你**可以**選擇與他人對談和交往的方式，這樣才不會消耗周遭親友太多的能量，才能在你需要時，有足夠的能量支持你幫助你。

挑戰四：寬恕

你聽說過南印度的捕猴陷阱嗎？[43]陷阱是個挖空的椰子，裡面放了一些稻米，然後用鏈子拴在一根竿子上。椰子的頂部鑽了一個洞，大小足以讓猴子空手伸進去，但抓了米而握拳的手卻伸不出來。捕猴的村民躲在遠處觀看，發現一隻饑餓的猴子伸手進去，然後被卡住，牠無法或不願意放下手中的米換取逃命。村民隨後走到陷阱旁，抓走這隻猴子。

在你對「愚蠢的猴子」酸言酸語之前，不妨反問自己，牽涉到家庭衝突時，你是否也做過類似的事？你是否希望家庭的氛圍更溫暖，卻被未消的怒火陷阱卡住？若是，你可能陷入情緒上的猴子陷阱。

你並非特例；我們每個人偶爾在家庭中都會面臨這種情況。不管是對方犯了明顯還是不明顯的過錯，我們都固執地緊抓著負面情緒不放，拒絕寬恕對方。有時候，即使我們口頭上表示原諒對方，但內心仍然懷著怨恨與不滿，或是仍然緊抓著對方的錯誤與過錯不放，以便日後若有必要，用來指責或報復曾經對我們做了錯事的人。這些都會讓我們無法真正地釋懷與自由。為了過得更快樂，生活得更自由，我們都需要放棄這種只做半套的原諒。

在二〇一八年，學者確認四種有效的寬恕策略，這些策略可以在家庭成員犯錯或發生衝突後，用來修補關係：一，討論（「讓我們坐下來好好談一談，也許能解我心中之痛」）；二，明確表示原諒（直接說出「我原諒你」）；三，非口頭方式的原諒（例如吵架後向對方示好）；四，將問題的嚴重性最小化（對方的錯並不嚴重，選擇淡化）。[44]研究員發現，這四個策略都有效，選擇哪一種策略取決於不滿與傷害的嚴重程度。[45]例如，討論最常用於最嚴重的踰矩，像是出軌；最小化和非口頭方式的原諒最常用於不嚴重的過錯，例如晚餐遲到；明確的原諒最適合介於這兩者之間的衝突。

告訴對方「我原諒你」，需要付出很多努力，還可能會傷到自己的自尊。此外，可能需要做出一些犧牲，放棄你想要的東西。因此，有時候我們會選擇走捷徑，這麼做看似可以快速解決爭端，但問題終究沒有解決，遲早會再出現。

研究員提出**有條件的原諒**，代表原諒的時間會延後，同時會附帶一些條件（例如，「直到你做了X和Y，我才會原諒你」）；以及**偽原諒**（pseudo-forgiveness），意思是雖然沒有真正地原諒對方，但選擇壓抑不滿，或忽視對方的過錯（勿與最小化混淆，兩者並不相同）。[46]有條件的原諒可以提供受傷害方某種安全感（研究員稱之為情緒保護），但這麼做也有缺陷，可能讓傷口一直無法癒合。偽原諒可以延長不幸的家庭關係，因為並未真正原諒過錯的一方，研究顯示，這並不利關係的存續。

受傷害的家庭成員之所以偏好有條件原諒以及偽原諒，原因有很多。有條件的原諒讓受害者藉由附帶某些要求，保留了對犯錯者的掌控權，犯錯者須改變行為直到滿足受害者的期望，才能獲得真正的原諒。偽原諒解決不了任何問題，反而可能在未來衝突時加劇不滿與怒火。有條件原諒或偽原諒猶如捕猴的陷阱，若你握拳抓住情緒米不放，手將卡在洞孔伸不出來，無法真正擺脫憤怒和痛苦。

為了避免陷入情緒的猴子陷阱，你需要刻意提醒自己，避免掉進去。釋放握在手心的稻米需要耐心和自我控制。首先，若你選擇原諒，謹記解決衝突並非一種施捨或慈善行為，它其實是為了自己的利益。猴子陷阱的比喻和自古以來累積的智慧都證明了這一點。五世紀的印度佛教僧侶覺音（Buddhaghosa）寫道，陷溺在怒火並拒絕原諒，「就像想要揍人的人，拿起燒得通紅的木炭……結果首先燙傷了自己。」[47] 現代諸多研究也支持這個觀點，顯示原諒有益於原諒方的身心。[48]

其次，增加解決衝突的可用選項，特別是當你之前嘗試的方法都無效時。也許你天生傾向於淡化問題，習慣忽視家人對你的不當行為或過錯，並迅速原諒他們。但是與你發生衝突的一方可能認為，問題的嚴重性不容忽視，不能靠淡化或忽視來解決。如果你是受害的一方，就從淡化或最小化升級到明確的原諒。如果雙方都有錯，改用討論的方式，雙方坐下來好好談一談。

第三，不要過快地對淡化問題這個辦法嗤之以鼻。很多情況下，讓衝突降溫或熄火，可能才是更好的選擇，勝過繼續吵下去。反問自己，繼續吵下去重要到足以讓你疏遠與親人的關係嗎？再據此採取相應的行動。

挑戰五：不說出實情

你是否有些事情不敢和家人分享？你有充分的理由不說出真實的想法，特別是遇到其他人強烈反對時。因為你不希望冒犯別人或惹人生氣；再者，你希望避免不愉快的後果。結果你選擇不說出實情，或是點頭假裝與他人的意見一致，這種做法看似實際，但不代表你內心真的同意。

真正的愛是不迴避問題，勇敢面對問題，坦誠說出自己看到的，努力建立一個可以克服一切挑戰的家庭。

一九九〇年代，作家和心理治療師布拉德・布蘭頓（Brad Blanton）在其著作《激進誠實》（*Radical Honesty*）中提出這個觀點。當真相難以被接受，你若說出來可能會導致負面後果，例如家庭關係緊張等等。[49]但布蘭頓建議，絕對的誠實（不說善意的謊言，絕無允許撒謊的特殊情況）利多於弊，因為它可以減輕你的壓力、增進你與他人的關係、減少過於情緒化的反應。

如果你家屬於「我們不要談這個話題」，以免影響家庭和諧，你可能會對絕對誠實的主張持懷疑態度。然而研究仍力挺誠實才是幸福之鑰。壓抑自己的感受和想法，家庭關係不會進入最佳狀態，因為家庭成員無法充分展現他們真實的一面。為了避免衝突以及衝突造成的不快，家庭成員不說真話，但最後會影響家人之間的親密關係與理解，反而錯失幸福的機會。

我們為什麼會對親人隱瞞真相，甚至說謊呢？儘管我們很想說我們是在保護他們，其實往往是出於維護自我利益或形象的動機。我們想要加深家人對我們的看法或印象（「學業一切順利」），避免衝突（「我同意你的政治觀點」），或是為了保護家人（「你看起來很棒，老爸」）。[50]還有一種情況是因為你懶，所以選擇不誠實。當媽媽問：「你覺得晚餐好吃嗎？」你可能沒有精力，所以懶得解釋菜太鹹。

一些謊言看似可讓生活更輕鬆，但如同大多數以自身利益為導向的行為，它們不一定會讓生活**更幸福**。當一個謊言被揭穿，通常會破壞信任。即使是無傷大雅、微不足道的善意謊言也可能破壞家人之間的信任。當我們對家人說一些我們認為他們希望聽到的好話，這種相處模式與陌生人相處沒兩樣，因為說好話不過是為了迴避衝突以及維持表面的和諧。不妨想像一下，如果你發現配偶寧可選擇較簡單的捷徑——敷衍地哄騙你，其實你反而會非常不安。若要過上更幸福的生活，建立親密的關係比追求短暫的和諧更重要。

誠實的重點在於需要對他人有足夠的關愛，允許他人看到真實、毫不掩飾的你，即使這對你們雙方都很困難。當然，知易行難，特別是如果你的家庭有長期粉飾問題與情緒的習慣。幸運的是，心理學家的研究結果可以幫助你踏出第一步。

首先，說真話之前，主動要求並接受他人對你說真話。有些人願意對每個人都說實話，不管會冒犯到誰，但當他們面對自己難以接受的真相時，可能會變得易怒。喜歡批評別人但不能接受批評的人，是自戀的典型特徵之一。用更通俗的說法，就是臉皮薄、玻璃心，[51]這種行為與愛無關。

誠實過生活的第一步是對自己保持誠實，以及努力要求並接受他人（尤其是親人）對你完全誠實。首先從最親近的人開始，要求他們對你說出他們所見的真相，並對他們承諾，當他們坦誠以告時，你不會覺得被冒犯。謹記，他們的觀點並不等於事實，亦即你必須根據自己的判斷，決定是否被聽到的話影響你接下來的行動。此外，有時你聽到的話可能是故意要冒犯你，你大可選擇一笑置之。

第二，說真話是為了幫助療癒，而不是造成傷害。阻礙我們成功說服對方的障礙是，我們把自己的意見當作攻擊對方的武器，而非禮物。說到誠實，這個道理更適用。如果你在該吐實的時候，選擇三緘其口，等到自己受傷，才拿出來傷害他人（就像我們與家人爭吵時常見的做法），這時的誠實並非愛的表現。多關注他人的優點而非缺陷，那麼你說真話時，才更是真誠的欣賞和讚美。

第三，改變說真話的方式，讓真話也多了幾分吸引力。如果你確實偶爾必須講一些不太好聽的真話，想辦法改變說法，讓對方覺得這是成長的機會。與其跟對方說「你錯了」，不如說：「你不妨換個方式，用這個角度思考這個問題。」當然，誠實的反饋不見得次次都能得到正面回應，但它可以減輕衝擊力。

也許在你家，說真話聽起來有些不可思議。建議不妨採取漸進方式，告訴家人這是你想要的，以利增進家人之間的理解。開始之後，會漸入佳境。時間久了，你們不會再過度地保護自己，會更慷慨地互相支持打氣。這過程類似鍛鍊身體：它需要一些時間，好變成一種習慣，然後變得像是生活必需品。當你鍛鍊出肌肉（說真話的習慣），你可以將坦誠擴展到與朋友和陌生人的交往。不過請始終牢記，說真話的目的是療癒，說真話的方式必須能吸引對方，這種誠實才是愛的表現。

絕不放棄

家庭能帶給我們獨特的喜悅與滿足，任何人努力打造更快樂的人生時，都不該忽略它。即使是調適最好的家庭在面對衝突、相容性、負面情緒、寬恕和誠實等問題時，也覺得挑戰重重。以下總結如何將每個挑戰轉化為成長的動能。

一，勿迴避衝突，衝突是家庭成員學習和成長的機會，只要能找出衝突的肇因，然後以適當的方式妥善處理。

二，你會理所當然地認為，相容性是決定關係能否成功的關鍵，差異則會導致衝突。其實相容程度只要夠多，足以讓關係正常運作即可，但真的無需太多。你真正需要的是互補性，互相截長補短，讓彼此成為更完整的個體。

三，一個家的文化與氛圍可能因為感染負面情緒病毒而生病。這是與情緒管理有關的基本問題，只不過針對的是整個家庭成員而不是個人。

四，所有家庭維繫親密關係的秘密武器是寬恕。幾乎所有未解決的衝突歸根究柢都是因為怨氣與不平未消，因此明確和迂迴的寬恕非常重要。

五，明確的寬恕以及困難的溝通都需要誠實至上的政策。若有人隱瞞真相，家人之間便無法保持親密關係。

最後一點：如果你和家人的關係存在嚴重的問題，雖然努力改善，但怎麼做感覺都是徒勞，最後只好豎起白旗。幾乎每天我們都會聽到來自世界各地的人，抱怨自己被困在似乎無解的家庭問題裡。也許你自己就曾說過：「真想轉頭棄那些人於不顧，繼續過我自己的生活。」

放棄絕不可取，因為「那些人」以一種神秘難解的方式呈現各種版本的**你**。你的配偶和你彼此互補，讓你更完整。你的孩子像你過去的樣子。你的父母影響你未來的發展。你和兄弟姐妹的關係反映其他人對你的評價。放棄這些關係意味失去深刻認識自我的機會，也失去自我進步的機會。如果可能的話，切勿放棄這些你無法選擇的關係。

那麼，對於你**能選擇**的關係呢？例如友誼。這是我們下一章要探討的。

第6章 深厚真摯的友誼

愛倫．坡一八二九年的詩作〈孤獨〉（Alone）一開頭的詩句是：「自小我就和其他人不一樣。」[1]這首詩詳細描述他無法在感情上和其他人建立連結，無法和他人分享喜怒哀樂。「每件我深愛的事——只能**我**獨自品味。」

愛倫．坡並非與這個世界完全格格不入；他出生在相當普通的家庭，與其他孩子一樣接受正規教育，還入伍服役，可見未與群體脫節。儘管經歷了這一切，但他從未建立深刻的人際關係，也許只有和表妹維吉妮亞的關係是例外，兩人成親時維吉妮亞只有十三歲（而愛倫．坡已二十七歲），婚後才幾年，維吉妮亞便因肺結核辭世。

根據他的訃文，愛倫．坡「朋友少之又少，或者說幾乎沒有朋友」。[2]對他而言，大多數人不值得他花時間深交。並不是沒有人想和他為伍；而是**他**不怎麼想和**他人**交往。再次引用他的訃文：「他認定，社交圈過於複雜，問題沒完沒了，認為整個社交圈的遊戲規則就是爾虞我詐。」他的孤獨是出於自願而非被他人排擠。

然而實際上愛倫．坡因為沒有朋友而飽受折磨，他靠酗酒和嗜賭緩解痛苦，過世時年僅四十歲，可能與酒精中毒脫不了關係。過世前他坦承自己的問題，稱：「我的所作所為讓生命、聲譽和理智陷入險境，這一切並非為了追求快樂，」實際上，是因為「難以忍受的孤獨感」。[3]

友誼是建立更幸福生活的第二支柱。即使生活被重擔壓得喘不過氣，有了朋友，能讓日子輕鬆些。能夠見到久違的好友是生活中少有的樂事。少了朋友，沒有人能茁壯發光，這是數十年研究得出的明確結論。[4]不管一個人是內向還是外向，友誼對一個人的快樂程度影響甚鉅，人與人之間的快樂水平差，高達六十%是因為友誼。[5]即使你的生活遇到許多麻煩，若有親近的朋友，生活仍然可以幸福快樂。沒有親密好友支持的生活就像在冰天雪地的屋子裡沒有暖氣一樣。

不幸的是，後者的現象在我們社會變得愈來愈普遍。社會科學家所做的問卷調查，問到：「你上次進行私密交談、分享個人感受、討論個人隱私問題是什麼時候？」過去三十年來，美國人回答「從未」的比例幾乎倍增。[6]自一九九〇年以來，稱自己擁有不到三名親近朋友的美國人，比例也大幅翻了一倍。[7]

導致這個現象的原因聽起來太像愛倫坡症候群（Poe syndrome），只不過規模更大。我們刻意忽視友誼，甚至疏遠朋友。我們對３Ｃ產品和社群媒體過於沈迷，導致隻身一人的情況比比皆是，許多年輕人甚至承認，在實體世界面對面交朋友既不自在也感到害怕。文化分歧或政治爭端也破壞原本不錯的友誼：民意調查數據顯示，約六分之一的美國人自二〇一六年以來，因政治原因不再與朋友或家人交談。[8]

當然還有新冠疫情。如果你的生活還沒回到二〇一九年的「正常狀態」，你不是唯一的特例。根據二〇二二年三月的一項調查，五十九％的受訪者表示，日常活動仍未完全恢復到疫情前的狀態。[9]更令人擔心的是，許多人對於康樂性質的社交活動已不如「疫情前」看重。疫情解封很久之後所做的一項調查發現，二十一％的受訪者表示，自新冠疫情爆發以來，他們更看重社交活動，但三十五％受訪者表示，社交活動沒有那麼重要。[10]許多人對社交活動感到焦慮，主要是因為「不知道該說什麼或不知如何與他人互動」。[11]我們許多人已經忘了如何和他人做朋友。

好消息是，重新學習維持友誼的技巧，以及恢復和舊友的關係，不管何時開始，永遠不嫌遲。掌握正確的資訊，幾乎可以克服所有挑戰。本章將討論大家最常面臨的五個挑戰，以及如何靠你的情緒管理技巧將挑戰轉化為寶貴的機會。

挑戰一：個性不合

根據所有的證據與說法，愛倫·坡個性內向，或許你也是，而且你認為這是阻礙你交友以及與人親近的主要障礙。其實不見得如此。個性內向對於交友看似是嚴重的障礙，但如果你善用這個特質，也許可以變成你建立友誼時的優勢。

擁有多少朋友是衡量友誼健康程度的一個簡單辦法。有的專家說你需要三個朋友，有的專家說五個或至少某個數量，你才能過得快樂。這種說法是個人主觀認定，並無科學依據，而且也沒有考慮到會因每個人的個性而異。這裡提供一個通用的經驗法則：除了配偶以外，你需要至少一個密友；而你能夠花上足夠時間維繫的好友人數可能有一個上限，也許是十個吧。確切人數取決於你，尤其是你的個性——內向還是外向。如果管理得當，不管是內向還是外向，兩者並無優劣之別，但兩種個性都可能遇到難處。

心理學家將外向／內向視為五大性格特質（Big Five）之一，其他四個特質分別是親和型（agreeableness）、開放型（openness）、盡責型（conscientiousness）和神經質型（neuroticism）。[12]自一九八〇年代以來，五大性格理論一直是心理學領域的一個重要理論，不過內向和外向的二分法其實率先由瑞士精神科醫師榮格在一九二一年提出，稱這兩種性格的人，對於主要生活目標抱持不同的想法。[13]他認為，內向的人看重自主性和獨立性；外向的人看重與他人建立連結。這些刻板想法一直延續至今。

德國心理學家漢斯．艾森克（Hans Eysenck）在一九六〇年代進一步發展榮格的理論，主張遺傳因素決定我們的性格屬於內向或外向。[14]他認為，相較於個性內向的人，外向的人不易達到皮質被喚醒的狀態（cortical arousal，亦即大腦的警覺程度），因此外向的人更需要他人的陪伴

（偏好新認識的朋友相陪），從互動中獲得刺激喚醒皮質。[15] 後續研究對於艾森克這個理論出現不一致的結果，但的確發現內向與外向的人有明顯的認知差異。[16]

整體而言，外向性格的人比內向性格的人更快樂。二〇〇一年的一項研究裡，牛津學者將受訪對象分成四組：快樂的外向者、不快樂的外向者、快樂的內向者和不快樂的內向者。[17] 結果外向受試者的快樂人數大約是內向受試者的兩倍。關於個性內向和外向人士出現快樂差的現象，一個常見解釋源於榮格和艾森克等學者的刻板主張：人類天生喜歡群聚，所以喜歡與人交往的人會比較快樂；個性外向的人喜歡與人打交道，因此更快樂。

個性外向的人天生就比較熱情（enthusiasm），在一九六〇年代，一位知名精神分析學專家將熱情定義為「充滿強烈興趣的心態」，而熱情是與快樂最緊密相關的性格特徵之一。[18] 對生活充滿熱情有助於享受生活、改善心情，也比較不會迴避與他人的互動。

事實上，個性內向的人喜歡獨處，對社交活動感到卻步，但不代表他們不需要朋友。只能說，對於內向的人而言，結交新朋友比較困難。不過，外向的人也未必一帆風順，他們面臨的挑戰是：不易建立深厚的友誼。他們習慣結交很多朋友，但多半只是點頭之交，因此當他們陷入危機時，可能會感到空虛，因為沒有可求助的好友，亦即沒有懂他們、可為他們兩肋插刀的摯友。

無論你是內向還是外向，只要你擅長自我管理，個性不會成為你交友的障礙，一個不錯的方式是找個與你個性相反的人並向他／她學習。此外，彼此可以找到共同的價值觀，例如無論內向或外向，幾乎每個人都懷抱希望、人生目標、自尊等，希望過上幸福快樂的人生。個性外向的人喜歡與他人談論未來、夢想和人生目標。正如心理學家長期以來指出的現象，我們往往根據對他人做出的承諾採取行動，因此外向者習慣向每個認識的人談論自己的目標，因為要對承諾負責，所以更可能實現這些目標，連帶也變得更開心。[19] 內向者雖然不習慣與陌生人分享自己的希望和夢想，但是可以選擇和親近的好友、一對一地分享。

此外，外向者應該向內向者學習，如何建立長期而深厚的友誼。對外向者而言，這並不容易，因為他們喜歡群眾、新朋友以及刺激。研究顯示，外向者偏好與其他外向者建立許多關係膚淺的友誼。[20] 外向者應該設定目標，每年深化與一個朋友的友誼。實現這個目標的方法是，參與社交活動時，選定某個朋友進行一對一深談，而不是堅持與一群人交談。交流時，避免瑣碎膚淺的話題，例如興趣、政治等等，而是深入探討信仰、愛情以及幸福等有意義的話題。這樣可以深化你和一些人的友誼，或是讓你迅速認識到，有些人不適合深交，你應該尋找與其他人深交的機會。

挑戰二：過度功利

你的朋友對你來說有用嗎？「我希望是，」也許你會這樣說。其實這不利於快樂。

列出你腦海中率先浮現的十位朋友。有些朋友你會對他們發送簡訊，分享無聊的想法；有些你可能每年只會打幾通電話。有些是你崇拜的對象；有些你雖然喜歡，但並非特別推崇。對他人而言，你同樣會被歸類在不同的類型裡——對某人而言，你是有用的人；對另一人而言，你是知心的朋友。在不同的關係裡，你有不同的收穫與體驗，這都是正常且健康的。

幾乎每個人都會有一種朋友：這種朋友可以滿足你需要或想要的東西。你不見得在**利用**他（你和他的關係可能是互惠互利），但這種友誼的首要好處不僅僅是友情本身，還在於他／她對你**有用**。

這些朋友符合一些社會科學家所謂的「權宜之交」（expedient friendships）——我們用通俗的話就是「功利性的朋友」（deal friends），這可能是我們大多數人最常見的朋友類型。[21] 根據二〇一九年針對兩千名美國人所做的一項調查，每個成年人平均有十六個他們視為朋友的人。[22] 其中三個是「終身朋友」，五個是真正喜歡的人，剩下的八個並非他們願意一對一相約聊天吃飯的對象。我們可以合理推斷，與這些人交往並非為了建立友誼，而是為了實現其他目的，例如方便職涯發展或打通社交人脈等等。

權宜之交可能是讓人愉快且有用的關係，但通常不會讓你獲得持久的喜悅和安慰。如果你發現社交活動讓你感到有些空虛、不夠充實，可能是因為你有太多的權宜朋友，缺乏**真正的**好友。

許多研究顯示，評量中年人幸福感的最佳指標是能夠說出多少個真正親近朋友的名字。[23]數量不一定要跟上述所說的一樣是十個人，實際上，隨著年齡增長，我們習慣縮小或精簡朋友圈的數量，[24]然而人數也不該精簡到一個不留，而且這份名單不應該只剩配偶或伴侶。

因此你更該誠實地審視自己的友誼。一個方便的做法是參考古希臘哲學家亞里斯多德在《尼各馬可倫理學》（*Nicomachean Ethics*）提出的主張。[25]他認為友誼猶如階梯，有層級之別。在最底層，感情連結最薄弱，承諾最空泛，是工作上或社交上各取所需、互相利用的朋友。他們可能是同事、進行交易的合作夥伴，或者只是能夠互相幫忙的人。再往上一層的友誼是建立在愉悅的基礎上——你喜歡和欣賞對方的某些特質，比如智慧或幽默感等等。最高一層的友誼建立在美德的基礎上，亞里斯多德稱之為「完美友誼」。這種友誼非常純粹，不為了遂行其他目的。亞里斯多德稱這是「完整的」友誼——為了友誼而建立友誼，而且在互動中可充分感受到友誼的可貴。

這些層級不會互相排斥，而是可以共存。例如你可以與一個朋友一起共乘上班，這個朋友可能擁有你努力仿效的坦率特質。不同層級的友誼，有不同的目的或功能，關鍵是按照友誼的主要功能加以分類。

你可能無法用言語精準描述何謂「完美」友誼，但你很可能知道它是什麼感覺。這類朋友通常和你擁有共同的愛好，包括精神上的（如宗教），或是娛樂活動（如棒球）。此外，完美友誼不受工作、金錢或野心等因素影響，能夠帶給我們深刻的滿足感。

與純友誼形成鮮明對比的是各取所需、互相利用的友誼——位於亞里斯多德友誼階梯的最底層，這類友誼無法讓人有深刻的滿足感。這類友誼不完整，因為無法涵蓋自我的所有層面。如果工作表現需要靠這類友誼支持，可能需要我們保持專業的態度，畢竟若用對抗、有難度的對話或親密關係破壞這類關係，後果我們可承擔不起。

不幸的是，社會上的獎酬機制讓許多人更向功利性的朋友靠攏，遠離真正的朋友。美國勞工每週平均花費四十個小時工作，領導階層的主管，工作時間遠高於這個數字。[26]大多數人必須與他人共事，所以在上班日，與家人相處的時間遠低於與同事共處的時間，與工作之外的朋友相處時間更是少得可憐。因此功利性的朋友很容易把真正的朋友擠出去，因而享受不到好友帶給我們的快樂。

所以你打算怎麼做呢？首先，回顧你清單上列出的十位朋友名字，在每個名字旁邊寫上「真正的朋友」或「利益交換的朋友」。毫無疑問，其中有些可能需要主觀判斷，如果無法判斷，沒關係，盡力而為就好。然後，在「真正的朋友」旁邊，反問自己有多少人真正了解你——你的狀態稍微變差時，他們會發現並關心地問你：「你還好嗎？」有多少人讓你能安心地和他們討論個人私事？如果你發現連兩三個人都很難找出，那就明顯透露出你的朋友圈多半是利害關係。即使你能列出幾個真正的朋友，也要誠實回答：你上一次與對方深談是什麼時候？如果已經超過一個月，你可能在自欺欺人，認為自己與這些人的關係很親。

你的名單上還剩多少人？如果除了你的配偶或伴侶之外一個也沒有，這下我們找到了一個需要解決的問題。

真正的友誼不是墊腳石，不是為了達到其他目的而建立的關係。這種純友誼是一種祝福。要做到這一點，其中一個辦法是拓展人際關係，結交工作以外的朋友，也結交不同職業、不同學術背景的朋友。與一個真心關心你、能花時間陪伴你的人建立友誼，這個人除了關心你，對你並無其他功利性的幫助。

要結交到真正的朋友，請找「**沒有利用價值**」（uselessness）而非「**毫無價值**」（worthlessness）的人（我們都有這種朋友！）。要找到這種純友誼，你得出現在與你追求世俗成就無關的地方，可能是教堂（或廟宇）、保齡球俱樂部、與工作無關的公益活動等等，在這些地方，你可能遇到能分享共同愛好但無助於你發展事業的人。一旦遇到你欣賞的人，別想太多，直接提出邀請吧。

在當今這個快節奏的世界裡，工作成就被視為高於其他一切的人生目標。許多人信奉「工作教」（workism），熱愛工作的程度猶如宗教的狂熱分子。在這樣的環境裡，我們很容易結交利益交換的功利性朋友，[27]影響所及，我們可能忽略最基本的人類需求：深入了解他人，並且被他人深入了解。不管信奉什麼宗教，許多信徒將深刻了解視為與神連結的核心。在心理治療中，深刻了解也是幫助患者改變的關鍵。[28]

愛存在一個重要的悖論：我們內心深處最愛的人，在世俗的標準裡，似乎是我們根本不需要的人。如果你夠幸運，並且努力深化你的人際關係，很快會發現，你若有一兩個真正的朋友，你大可對他們說：「我不需要你，我只是愛你。」

完美的友誼固然美好，但非常難以維持。功利性的朋友通常會在你為生計奔波的過程中不斷出現，所以你無需特別努力經營這些友誼。而真正的朋友則不是這麼回事。在你忙於家庭和工作之際，真正的朋友很容易被你冷落，擱置到一邊，友誼也跟著變淡。大學時期的完美朋友，可能在畢業多年後，變成一年只會通個一兩次電話，不是因為你有意疏遠對方，而是因為歲月流逝，友誼也跟著淡化。到了中年左右，由於生活壓力和歲月，完美朋友變得少之又少，甚至可能一個也不剩。

和其他珍貴的東西一樣，請用心經營完美友誼，而不是任其自生自滅。列出哪些是真正的朋友後（以及你希望能結交的對象），制定一套具體計畫，保持聯繫並相約見面。有些人會每週安排固定時間打電話或視訊聊天。

有些人即便工作中或是在家的時間都會接聽好友的電話。另一個明智的做法是每年安排親自見面一次，無論是一天還是一週都好。在繁忙的生活中，無法保持太多這樣的好友——也許只能有一兩個。除了你的配偶，你至少需要一個這樣的朋友。你能給對方最大的讚美就是「對我來說，你並無利用價值」。

挑戰三：固執己見

許多東方宗教和哲學的觀念已滲入西方的思維與想法。佛教的第二個「聖諦」或許對於快樂或缺乏快樂提供了最深刻的洞見。第二聖諦又名「苦因聖諦」（*Samudaya*），教導世人，執著是人類苦難的起因。為了找到內心的平靜，我們必須放下執念，才能擺脫糾結心靈的欲望與貪念。

要做到這點，需要誠實地審視自己的執念。你的執念是什麼？金錢、權力、快樂、聲望？這些我們試圖透過情緒自我管理努力擺脫的誘惑，深入分析它們之後，你可能會發現，這些誘惑也許反映你的**想法**。二千四百多年前，佛陀就指出對己見的執著及其可怕的影響。據信他曾說過：「那些執著於自己感知和看法的人，在世界中四處碰壁。」[29]二十世紀，越南高僧一行禪師（Thích Nhất Hạnh）在《當下自在》（*Being Peace*）中寫道：「人類因為執念而受苦。」[30]

這種執著可能危及友誼。擁有堅定而強烈的信仰或觀點當然沒錯。問題在於，彼此的信仰與觀點不一致，不該成為友誼的絆腳石。例如，因為朋友的看法與自己相左，導致你拒絕與對方親近。再舉一例，也許你對政治有非常強烈的看法，說服自己（或是被其他人說服），認定和你意見相左的朋友，道德或人品有瑕疵。再者，你的朋友出於宗教原因反對你的某種生活方式，你深信他們在「否定你的為人」（這裡不是指虐待這種極端行為影響友誼，而是想法上的分歧對友誼的影響）。這絲毫不差地反映了愛倫坡症候群：你因為某個人不值得你交往（因為看法不同）而選擇結束友誼，這完全是自毀行為，因為最後你會落得孤獨、孤立的下場。

放下執念的方法是，選擇一個美德取代造成傷害的負面感受，這種美德能夠培養你的愛心、讓你多關注他人。這個美德在這個時代愈來愈稀缺：謙遜（前面章節的重點之一）。更具體地說，是社會科學家所謂的認知謙遜（epistemic humility），亦即承認他人的觀點與想法也許實用或有趣，或者至少不代表你不能關心或親近這個人。

放下執著顯然很困難，否則六分之一的美國人也不會因為政治立場而切斷與朋友和家人的交流。但放下固執的觀點，可得到可觀的快樂與滿足。二〇一六年的一項研究，研究員設計了謙遜分數，[31]發現謙遜與憂鬱症和焦慮症呈負相關，與快樂和生活滿意度呈正相關。此外，他們發現謙遜可以緩解壓力造成的負面影響。道理很簡單，並未牽涉到什麼複雜的神經科學：謙遜的人擁有更多真心的朋友，因為和他們相處更開心。

社會科學的研究針對謙遜和快樂所提的數據，進一步加強哲學思想家長期以來的教導。在五世紀初，聖奧古斯丁向一位學生提出三條人生忠告：「第一是謙遜；第二是謙遜；第三還是謙遜：當你詢問該走哪個方向時，我會不厭其煩重複謙遜的重要性。」[32]

承認自己錯了並改變想法，有助於我們結交更多朋友，讓我們更快樂。但是我們的防禦機制往往會妨礙我們保持謙遜，所以我們需要一個具體的作戰計畫改變我們的思維和行為模式。以下是三個你可能想要加入口袋名單的攻略。

首先，當你認為自己錯了，要盡快承認。很多人不願意考慮或接受自己可能錯了，因為害怕這麼一來，會顯得自己愚蠢而無能。如果順著這個本能，你或許會為自己糟糕至極的想法力拚到最後一刻。拒絕承認自己錯了，本身就是一種錯誤的心態。二〇一五年的一項研究，比較了科學家獲悉自己的研究「無法被複製」之後的反應。亦即他們的研究可能不正確，無法在其他實驗或研究得到驗證，這在學術界是常見的現象。[33]受訪的科學家若因為研究被反駁而產生防禦性反應，甚至對原來的結果堅持到底，其實並不足為奇。但研究員發現，不承認錯誤對科學家聲譽造成的傷害大於承認錯誤。對於我們其他人而言，從中學到的一點是：如果你可能錯了，不妨敞開胸懷接納別人的看法。

第二，歡迎唱反調。對抗負面行為與情緒，最有效的攻略是採取「與本能反應相反」的行為（opposite signal strategy）。例如，當你感到悲傷時，通常你最不想做的事就是和他人共處，但這正是你應該做的。若因為觀點受到威脅而啟動防禦性反應時，應該刻意地拒絕防禦的本能，改以開放的心態接受不同的觀點。聽到有人說：「你錯了。」你應該回應：「請你繼續說。」刻意和觀點不同於你的人交朋友，這不僅挑戰你的假說，同時你也在挑戰他們的假說。把這當作是建立你的「政敵團隊」，這是歷史學家桃莉絲．基恩斯．古德溫（Doris Kearns Goodwin）描述林肯總統執政團隊時所用的說法。不同於甘迺迪的內閣，林肯的團隊不斷地挑戰他。[34]如果這聽起來像是一種折磨，你反而更應該試試。

第三，從小處開始。假設你想體驗一下接納別人不一樣的看法會有什麼好處。踏出第一步確實困難，如果看法涉及宗教信仰或政治意識形態等敏感議題，那更是難上加難。所以最好從小地方開始，例如時尚偏好、支持哪支球隊等等。重新考慮你長期以來視為理所當然的事情，並且盡量客觀地評估它們。然後針對相對安全的話題，以開放的態度聽聽不同的意見與看法。

從小地方開始，不代表關注微不足道的事情。針對目標設定所做的研究結果清楚顯示，從相對容易達成的小目標開始，有助於一個人改變和打破習慣。[35]等進一步了解自我後，你可以將其升級，擴大到生活更大的領域，在這些領域，即使你不改變自己的看法，也能欣賞他人的觀點。

如果你掌握了上述這些技巧，可能會有人批評你的立場反覆不定，或者說你優柔寡斷。面對這種情況，可以向美國第一位摘下諾貝爾經濟學獎殊榮的經濟學家保羅．薩繆森（Paul

Samuelson）學習。他在一九四八年出版了可能是歷來最受推崇的經濟學教科書。[36]隨著時間推演，他會更新教科書的內容，並調整宏觀經濟維持健康狀態下所能容忍的通貨膨脹率：起初，他說五％是可以接受的；然後在較新的版本，變成了三％，接著又降為二％。美聯社對此發表了一篇報導，標題是〈作者應該下定決心〉。一九七〇年薩繆森獲得諾貝爾獎後，在一次電視採訪中，他對上述批評做出回應，稱：「當情況發生變化，我改變我的想法。你會怎麼做呢？」

相信薩繆森一定結交了許多親密好友。

挑戰四：不切實際的奇想

我們多半不會把戀愛對象列入朋友名單。他們彷彿是不同的物種，對吧？也許你曾經有過這樣的經驗，當你與某人陷入愛河，後來發現自己其實並不是很喜歡對方，這時可能不得結束這段複雜的關係，過程或許會剪不斷理還亂。你可能會感到不解，為什麼你會對一個你其實並不喜歡的人產生如此強烈的激情。

熱戀——墜入愛河後的初期感受，可謂人生中最強烈也最神秘的體驗之一。墜入愛河後，如果你覺得自己的情緒被劫持（不受自己控制），特別是在熱戀初期，你的感受很正常，因為它們確實被劫持了。你的大腦看起來與一個對毒品成癮的人幾乎沒兩樣。大腦有些區域的活動異常活躍，這些腦區同時與愉悅和痛苦相關，包括腹側被蓋區（ventral tegmental area，VTA）、阿肯伯氏核（nucleus accumbens）、尾狀核（caudate）、腦島（insula）、背側前扣帶迴皮質（dorsal anterior cingulate cortex）和背外側前額葉皮質（dorsolateral prefrontal cortex）。[37]這時你的大腦（戀愛腦）似乎正在進行化學實驗：受到另一個人肉體的吸引時，特徵是睪酮素（testosterone）和雌激素（estrogen）這兩種性荷爾蒙會升高。你渴望與戀人整天黏在一起，共度美好時光，多半是因為大腦分泌大量多巴胺和正腎上腺素使然。[38]隨著迷戀而來的不安與焦慮，係與血清素不足有關。[39]依戀和嫉妒則與催產素升高有關。[40]

熱戀時，你的關注力都放在自己身上。影響所及，大腦中各種神經化學物質的消長讓你整天想的是自己的感受與需求，以及對方與自己的連結和交流。因此，雖然熱戀讓人興奮，但不會帶來太多幸福感。

熱戀也不會持久，這讓戀人感到失望和不安。激情消退時，雙方誤把這視為愛已逝，其實這與事實相去甚遠。浪漫的愛情必須轉化為穩定且持久的關係，這是讓人更幸福的重要秘訣之一。哈佛大學進行的長期研究——「哈佛成人發展研究」指出，決定老後幸福與否的最重要因素是穩定的人際關係，特別是還保持浪漫火花的老夫老妻關係。[41]最健康和最快樂的八十歲銀髮族，通常在中年時（五十歲）擁有令他們非常滿意的人際關係。

愛情成功開花結果的關鍵不是努力維持激情的強度與熱度，而是讓愛情自然而然地發展與演變。此外，兩人在一起不該僅僅依靠法律的約束：研究顯示，婚姻對於老後個人主觀幸福感的影響力極低，僅佔二%。[42]決定幸福與否的重要因素是對關係的滿意度，而這取決於社會科學家所謂的「友誼式愛情」（companionate love）——有穩定的感情連結、相互理解和實現對彼此的承諾。[43]友誼的愛是一種特殊類型的友誼。

你可能覺得友誼式愛情聽起來有點，呃，乏味。這是因為我們的流行文化和媒體習慣以不符現實的方式描繪愛情和浪漫，過度強調一見鍾情和今後過著幸福快樂的生活之類的奇想（magical thinking）。[44]例如，針對迪士尼動畫電影所做的研究顯示，大部分的迪士尼電影都依賴這類主題。[45]這些電影可能反過來影響兒童和年輕成年人對於浪漫的看法。例如，二〇〇二年針對二百八十五名未婚大學生（包括女性和男性）所進行的研究發現，他們觀看浪漫愛情電視劇的時間長短，與他們對於婚姻的理想化期待，兩者之間存在強烈的相關性。[46]二〇一六年的一項研究發現，相較於觀看了非愛情片的十幾歲女生，觀看了愛情片的少女更容易向「理想化的愛情觀靠攏」。[47]

儘管一見鍾情的愛情在小說和電影裡很普遍，但現實生活裡，一見鍾情幾乎不存在。研究發現，大家所謂的「一見鍾情」與真愛的兩大特徵——親密關係和堅守承諾，並無關聯。[48]實際上，一見鍾情只是大家用來浪漫化他們過去的戀愛經歷（儘管實際情況可能完全不是這麼回事），或是用來形容非常強烈的外貌吸引力。

理想化但不切實際的愛情觀可能會嚴重傷害你和另一半的關係。有人會說對方是命中注定的「靈魂伴侶」，深信有股看不見的力量，刻意安排兩人相遇。針對數百名大學生所做的研究發現，這種不切實際的愛情觀與出問題的關係模式有關聯性。例如不切實際地認為彼此應該有絕佳默契，可以不用溝通或只要三言兩語，就能理解或猜到彼此的心意和渴望，因為兩人可是浩瀚宇宙裡的絕配。[49] 換句話說，既然彼此是命中注定的絕配，理應具備讀心術，看穿彼此的心思。

友誼式愛情才是正確的努力目標——彼此既是最親密的朋友，同時仍維持浪漫的情意。陷入熱戀的初期，之所以讓人覺得興奮刺激，其實是因為還不太熟悉對方，既然不熟悉，彼此不太可能建立深厚的友誼。至於友誼式愛情則把目標放在進一步了解彼此，漸漸成為親密的夥伴，同時繼續保持愛情的火花。

這種親密的友誼代表彼此都能展現完整的自我，從「客體我」（me）變成「主體我們」（we）。兩人相處時，當然可能出現意見分歧、怒火、怨恨、甚至不快樂。但是健康的關係不會迴避上述這些情況，而是在遇到問題時，懂得把握機會學習和成長。把問題視為兩人共同面臨的挑戰，需要兩人共同努力解決。亦即健康的關係**不是**避免爭吵，而是透過共同解決問題的衝突管理模式（合作尋找解決辦法）建立更緊密的關係。

根據研究，以下五種方式可幫助你和伴侶建立深厚又持久的友誼式愛情。首先，放輕鬆。

熱戀式愛情（passionate love）往往讓人覺得沈重——嚴肅、欠缺樂趣。而健康的友誼式愛情會讓幸福感持續上升，畢竟好友在一起，能讓彼此無拘無束地卸下心防，展現輕鬆的一面，幽默地互開玩笑，一起共度快樂時光。友誼式愛情裡，你會像對待好友一樣，放鬆心情地和對方相處。

第二，在友誼式的愛情裡，將更多專注力放在「我們」，而非「我」或「你」的個體上。你不應該害怕爭吵與衝突，但必須冷靜而正確地處理。研究員發現，夫妻爭吵時若較常使用「我們」這樣的用字，而非「我」、「你」這樣的用字，對心跳與血壓造成的負擔較小，也較少出現負面情緒，對婚姻的滿意度較高。[50]如果你有這方面的壞習慣，可能需要多下點工夫改進。與其說「你都不多花些心思理解我的感受」，不如說「我認為我們應該努力理解彼此的感受」。與他人交談時，將「**我們**」這個代名詞設為預設用語。例如如果你喜歡在外面待到很晚，但你的伴侶不喜歡，為了顧及另一半的感受，拒絕出席朋友訂在晚上十點的聚會時，不妨跟對方說：「我們不想在外面待到那麼晚。」

第三，與伴侶共同管理錢財。許多夫妻在金錢方面採取個人主義的態度，例如保持各自的銀行帳戶。他們通常認為這樣做可以避免衝突，或許確實如此，但他們也錯過了以朋友關係共同思考和行動的機會。實際上，研究已經證明，不分彼此，共同管理財務的夫妻往往更幸福，也更可能長久相伴。[51]這對於消費習慣不同的夫妻或伴侶可能較困難，但研究顯示，與伴侶共享或共管資源時，花起錢來比較理智與節制。[52]

第四，把爭吵視為鍛鍊。每一位健身老手都會告訴你，如果你希望養成長期健身的習慣，切勿把健身視為懲罰。健身當然辛苦，但你不該覺得不開心，因為規律健身會讓你變得更強壯。對於夫妻或伴侶而言，吵架也是同樣的道理：吵架的當下可能不太愉快，但吵架不失為共同解決問題的機會，進而鞏固兩人的關係。[53]其中一個方式是預留一個空檔，處理造成兩人爭執的問題，而不是在情緒激動時吵架。把吵架或意見分歧視為我們需要找個時間共同解決問題的訊號，如果是**我**被**你**攻擊的思維，爭吵將淪為攪亂情緒的突發事件。[54]

最後，友誼式愛情禁止第三者插足。浪漫式的愛情關係裡，讓人覺得最幸福的狀態是一對一關係，不論是感情上還是性關係上。這種觀點可能不被所有人接受，但這個人生建議是基於證據而非道德觀。在二〇〇四年，一項針對美國成年人的大規模調查發現，「過去一年來，性伴侶人數維持在一個人時，幸福感達到最高點。」[55]

最後一點：儘管友誼式愛情在一對一的狀態下最健康，但友誼本身則不是如此。二〇〇七年一項研究發現，已婚成年人如果表示他們至少有兩個親近的好友——也就是說，除了配偶之外，至少還有一位好友——他們的生活滿意度和自尊都比較高，較少罹患憂鬱症，這是相較於除了配偶之外，沒有其他親近朋友的對照組。[56]換句話說，穩定而持久的友誼式愛情對於增進幸福可能是必要條件，但並非充分條件。

挑戰五：虛擬世界

一九九五年，雷娜．魯達夫斯基（Rena Rudavsky）與家人被選中參加一項全新的心理學實驗。卡內基梅隆大學的研究員將在他們家的餐廳安裝一台電腦，電腦能與網路相連。當時只有九%的美國人使用網路（到了二〇二〇年，有近九十一%民眾上網）。[57]當時雷娜才就讀中學，她後來回憶道，實驗期間她每天坐在電腦前，進入聊天室以及瀏覽網頁。當她用畢電腦，換家裡其他人使用。

奇怪的是，這個實驗並未引起家人太多討論。雷娜告訴我們：「當電腦開著時，我們在餐廳很少交談。」此外，「家人間並未分享各自的上網經驗。」

卡內基梅隆大學研究員在一九九八年發表這項實驗計畫的結果，根據取名為「家庭網路」（HomeNet）的研究計畫，雷娜的經歷是普遍現象。[58]研究員寫道：「頻繁地上網與家人間溝通次數下降有關」以及造成「社交圈縮小」。更不幸的是，頻繁上網導致「〔受試者〕憂鬱症和孤獨感上升」。雷娜說，她的經歷證實了這些研究結果。

不少人將家庭網路實驗計畫的結果解讀為對網路、3C產品、現代通訊設備的控訴。實際上，它揭示一個非常簡單的真相：壓縮我們在現實生活裡與他人真實互動的科技產品，會降低我們的幸福感，因此必須謹慎使用。為了最大化數位產品的好處，我們應該利用這些產品增進與家人和朋友的實體互動。

新冠疫情催生了許多有關社交連結的新研究。每當影響社交生活的環境突然改變，研究員就會開始深入調查，問一些惱人的問題。過去幾年，最常見的研究主題之一是，民眾突然大規模轉向擁抱數位通訊（遠離面對面交流），這對整體社交連結產生了什麼影響？其中一個研究在疫情爆發後的頭幾個月，對近三千名成年人進行調查，結果發現電子郵件、社群媒體、線上遊戲和短訊並不能取代面對面交流。[59]語音和視訊通話略好一些（儘管後來的研究也對這些技術的價值提出質疑）。[60]

一個人的娛樂活動，比如滑手機或瀏覽網頁，顯然會減少和他人的社交連結：你沈浸在滑手機或上網，無法與他人實體互動。虛擬通訊，例如發簡訊，技術上提供了和他人互動的方式，按理說危害應該較少；問題是，使用這些技術交流，少了多面向的**立體感**（dimensionality）。簡訊無法充分地傳達情緒與感受，因為聽不到或看不到對方的聲音或表情；社群媒體上的私訊（私聊）也是如此（更常見的現象是，把社群媒體當作向大眾宣傳自我的工具，而不是與他人進行一對一溝通）。線上通訊與面對面交流的差異，就像一張黑白像素版的《蒙娜麗莎》與真實畫作的區別：可以辨識，但無法讓人出現和以前一樣的感受。

缺乏立體感（深度）的溝通過程裡，我們習慣不停地變換交流對象，以廣度換取深度，這也是為什麼面對面實體交流往往比文字（簡訊）溝通更深入。研究顯示，深入的對話比短訊溝通更能給人滿足感與幸福感。[61]此外，一個時間跨度滿長的最新研究發現，相較於同齡人，較常發送短訊的青少年較容易出現憂鬱、焦慮、攻擊等現象，與父母的關係也更差。[62]

即使不受疫情等外在因素的影響，我們仍會自發地選擇有害幸福感的技術與溝通方式，這聽起來可能有些奇怪，但可以歸結到兩大原因：方便性和遵循社會默認的通用禮儀（presumed courtesy）。在3C螢幕前消磨時間（高達九十％的美國青少年表示他們用這種方式「打發時間」），要比和朋友聊天更輕鬆容易，而線上聊天（例如發短訊）相較於見面或打電話更快、更方便。[63]不妨把3C科技想像成便利商店的微波食品：儘管不是特別好吃，但確實方便——等你吃了夠多的微波墨西哥捲餅之後，搞不好會忘了真正墨西哥捲餅的滋味。

雷娜中學時期加入的實驗計畫讓她深思網路的影響力，這個實驗也對她使用3C產品的方式造成終身影響。她在大學時期有一個臉書帳號，但畢業後就刪了，自此未再使用臉書。她也避免使用社群媒體與網路，在網路也找不到她孩子的任何資訊。順帶一提，她現在的工作項目之一是擔任本書的研究助理——有一部分需要透過遠距完成，但她更喜歡在辦公室作業。

按照今天的標準，她的生活方式可能有點過時。她女兒會親自拜訪鄰居。晚飯後，全家會坐在陽台交談，也會和路過的鄰居寒暄。她還會寫信貼郵票寄給親友。她使用3C科技是為了強化與朋友的連結，而不是取代面對面的交流；例如，她會加入小孩班上的家長群組，一切只是為了方便安排線下實體活動。

對於我們大多數人來說，特別是與網路一同成長的世代，網路已成為生活不容置疑的存在，滲透到生活的方方面面，不需要我們有意識地決定用不用它。當然，我們已回不去網路出現之前的生活方式，只是我們可以也應該謹慎地使用它，讓戀情和友誼升溫。可參考以下兩種方法。

首先，使用3C產品是為了與人互動而非無所事事地消磨時間。這個原則並不具革命性——四十五年前，父母就告訴孩子出去和朋友聯誼，不要老宅在家裡看電視。電視與現在3C產品最大不同處在於電視無法放入口袋，隨身攜帶。此外，還有大量實證證據顯示：一個人過於沈迷3C產品提供的娛樂會降低幸福感，導致情緒障礙，例如憂鬱和焦慮等問題。[64]

為了擺脫不甚理想的使用習慣，可以利用3C設備的設定選項，提醒自己在社群媒體和網路所花的時間，並限制自己每天使用時間不超過一個小時。另一種普遍的做法是將裝置從彩色模式切換到黑白模式（儘管這做法尚未經過學術研究驗證）。[65]

第二，為溝通建立層級之別。不可能指望大家完全不用短訊，但是與朋友和親人交流時，若能建立一套「層級別或順序別」，有助於減少使用短訊的頻率。盡可能將面對面溝通列為首選，尤其是與親近的人。二〇二一年一項研究發現，人與人之間愈常面對面交流，感覺被理解的程度愈強烈，對人際關係也愈滿意。[66]如果無法親自與對方見面溝通，可以選擇使用視訊電話。把短訊或類似的技術保留給不需要本人親自出面的場合或是緊急的情況。

以歡喜心為友誼付出

許多人誤以為友誼是自然而然形成的關係，不需要刻意努力或付出。這個想法錯了；一如其他重要的事情，友誼需要關注和努力，必須有意識、有計畫地建立與培養。本章探討的五個主要挑戰可以轉化為機會，只要你能記住以下五個重點。

一，不要讓內向的個性或害怕被拒絕的心態阻礙你交友的能力，也不要因為外向的個性阻礙友誼往深度發展。

二，建立友誼時，若只看重對我們有利用價值的人，而非看重友誼本身，友誼會受損。真正的友誼應該建立在彼此友愛以及相處時開心愉快，而不是對方在工作上或人脈方面能提供我們什麼好處。

三，許多深厚的友誼因為彼此意見或看法分歧而受損。如果我們能夠保持謙遜的態度，尊重對方的看法，而非一副高高在上的姿態，友誼不但不會受損，反而會因為彼此的差異變得更牢固——帶來的幸福感也非常可觀。

四，若要浪漫關係長長久久，需要建立友誼式的關係，而不是激情永不消褪的關係。友誼式的愛靠的是信任和雙向感情，是一種到老仍深愛彼此的老夫老妻式愛情。

五，真正的友誼需要靠線下實體交往。科技可以輔助人際關係，但絕對無法取而代之。盡可能找機會與最愛的親朋好友實體地面對面相處。

打造更幸福快樂生活的兩大支柱是家庭和友誼，需要大量的時間經營以及努力信守承諾。然而，對許多人來說，工作卻花上他們更多的時間。如果你每週工作四十個小時，再加上通勤的時間，工作可能是佔掉你最多時間的活動。即使你認為，工作比不上家庭和友誼重要，但如果工作佔去你這麼多的時間，加上工作是造成你痛苦的主因，你要過上幸福生活恐怕很難。

然而，「不讓工作成為痛苦的來源」不該是我們努力的目標——我們可以而且應該有更高的目標。工作除了提供基本生活所需、支持家計之外，應該能帶給我們樂趣與滿足感。這將是下一個討論的重點：如何讓提供溫飽的工作成為幸福和喜悅的來源。

第7章 工作是具體可見的愛

打造更幸福快樂生活的第三根支柱是有意義的工作。數百多個研究顯示，工作滿意度與生活滿意度存在正相關，而且有因果關係：喜歡自己的工作會讓你在各方面都過得更開心。[1]全心投入工作的收穫是：得以享受生活、從工作成就中獲得滿足感，以及見證努力的意義與價值。正如黎巴嫩詩人紀伯倫（Kahlil Gibran）以優美的文字道出，工作「是具體可見的愛」。[2]

這是好消息，也是壞消息。當你的工作變得單調乏味，代表你對它缺乏愛與熱情，每天的工作彷彿只是在完成任務。早上勉強起床，洗漱後，進到辦公室上你討厭的班，感覺無助、無聊、不被重視。在客觀條件下，有些工作確實讓人痛苦。即使工作條件相對較好，但是礙於經濟拮据，不得不節衣縮食努力打拚，生活仍然過得很有壓力。不過話說回來，若能意識到快樂的源頭始於內在，大多數人便可以減輕工作對生活的壓力，提高對工作的熱情，並且將工作視為個人成長的動力。

最方便的做法無非是，我們能夠告訴你哪種工作最適合你，以及你該如何順利獲得這份工作。但是最幸福的工作**並不等**於口碑佳、薪水高的工作（儘管我們都必須賺到足夠維持生計的錢）。有人熱愛當律師、水電工、家庭主婦或全職志工，但也有人嫌棄。研究員試圖找出工作滿意度與實際工作類型之間的明確關係，結果多半徒勞。在二〇一八年的一項調查中，登上「最幸福工作榜」的差事有：助教、品管分析師、網路開發工程師、行銷專家。這些工作彼此差異頗大，找不到任何共通點。[3]最不幸福的工作也是五花八門，並且與學歷和薪資沒有太大關係，分別是：會計師、保全、收銀員和主管。

以下兩個個案可說明幸福取決於**你自己**，而非工作類型。

史蒂芬妮進入大學後就夢想有朝一日能夠成為產業龍頭的執行長。她為此努力奮鬥，在四十多歲時，終於如願，成為公司的掌舵人。當她成功坐上這個職位後，工作表現讓人刮目相看，讓公司的財務寫下新高，在公司的人氣也居高不下。她的領導風格受到媒體肯定，當然也賺了不少錢。

「我成功實現夢想，」她說：「我為此感到自豪。」但也犧牲不少。她坦言：「我錯過孩子的童年時光。我經常不在家，這對我的婚姻造成很大的傷害。」她還承認，雖然她認識很多人，多達數百位的朋友，但是他們都不是真正的朋友——大部分只是客戶和同事。

十多年的賣命工作和斐然成績，讓史蒂芬妮筋疲力盡。公司的董事會和員工本來很樂意讓她再多留幾年——畢竟，公司的營運非常好——但是，她誠實地檢討得失後，最後得出結論：

付出的代價超過了能獲得的幸福感，不符成本效益評估。雖然也有愉快的時光，但都被壓力淹沒。而且她感到非常孤獨。

史蒂芬妮甚至認為自己在公司所建立的一切也只是幻覺。辭職幾個月後，她回公司拜訪老同事，走進她任職期間修建的氣派總部後，發現她任內的影響力與貢獻似乎被徹底抹去，彷彿從未存在過。她與公司是和平分手，雙方並無任何爭執或不快，只是……沒有她掌舵，公司的齒輪繼續向前而已。新任執行長蕭規曹隨，遵循她走過的路線，合作相同的客戶，做著一樣的交易。她的老同事都很熱情友好，但幾乎沒有人特別關心她現在在做什麼。「他們為什麼要關心呢？」她反問自己。如今她五十九歲，從執行長的位子退下來，受到所有人的祝福，肯定她「成就不凡」，但她仍在尋覓，希望能找到讓她感到活力十足的東西。

現在換亞歷克斯的例子。他的夢想比史蒂芬妮低調。他出生在中產階級的家庭，自小被灌輸中產階級父母對他的期望：學業成績中上，進入州立大學，畢業後找個穩當的工作——這是過上不錯生活的合理和理性公式。然而，不知何故，這套公式和亞歷克斯完全不搭。他在高中時成績不上不下，任何課程都激不起他的興趣或熱情。高中畢業後直接進入大學，主修會計，但他覺得上課真是單調乏味的苦差事。

大學畢業後，亞歷克斯在老家的一家製造公司會計部門任職，在公司工作了一年後，跳槽到另一個薪水稍高的工作。接下來的二十年，他每隔幾年就升職加薪，到了四十多歲時，收入雖然不算驚人，但還算優渥。他生活的亮點是家人和朋友。他婚姻幸福，有三個孩子，還有一些高中認識至今的好友，幾乎每個週末都會見面。他喜歡車子，很享受打理自己的愛車，讓它保持在最佳狀態。

亞歷克斯說，這些年來，他發現每個人都討厭工作，工作全是不得已。對他來說，在辦公室上班的日子，天天都是難熬的馬拉松。處理文件讓他感到無聊，臉露不耐地看著窗外的停車場，他感恩自己有一份穩定的工作，可以讓家人衣食無虞。但他每天都會盯著時鐘，看著指針慢慢地指向五點，時間一到就可以下班回家。

四十五歲時，某天亞歷克斯在晚餐後又慣性地向妻子抱怨工作。她心不在焉地聽著，然後問他：「有什麼你每天都會做而且又真心喜歡的事？」他想了想，只想到兩件有趣但很普通的事：「我喜歡開車上班，還有我喜歡在休息時間和同事聊天。」

「那你為什麼不辭職當個優步司機呢？」她開玩笑地說。轟！原本只是個玩笑，沒想到卻讓亞歷克斯靈光乍現，突然開竅。他真的轉行當了優步司機，過去五年來一直以開車維生。

「實際上，我現在的工時更長，賺的錢比以前稍微少一些，」他說。「但是我每天都期待上班，因為我能遇到新奇有趣的人，而且整天都能開車。」他下班回家的時候心情很好，再也不用為工作的問題煩心。因為這些改變，讓他變成更稱職的丈夫和父親。「我現在比以前快樂兩倍，」他說。

這兩個故事都是真人真事，並非虛構，只不過為了保護主角，所以用了假名並修改了一些細節。

不要誤解：這兩個故事並沒有暗示史蒂芬妮或亞歷克斯的生活陷入困境，或做出了不明智的選擇。此外，擔任執行長或是以開車維生，本質上都一樣，不代表哪個工作可以讓人過得更快樂或更不快樂。也許對你而言，經營一家公司讓你非常開心，為他人開車則是痛苦萬分——或者反之亦然。讓人羨慕的風光工作，有人覺得是一大成就，有人對它失望透頂；同理，一份薪資中等的「平凡」工作，有人覺得開心，有人覺得糟糕之至。如果經濟許可的話，選擇在家照顧孩子可能很不錯——或者有人覺得並非如此。退休也一樣，可能提高或降低幸福感。

投入讓你更幸福的事業代表你了解自己，亦即你是掌握自己人生的主人，即使在工作上你並非真正的老闆。做到這一點代表你有能力管理四大挑戰——亞歷克斯做到了，因此過上更幸福的生活，但史蒂芬妮沒有做到。

挑戰一：工作目標

你非常熱愛自己的工作，並能兼顧工作與生活，兩者達到非常健康的平衡狀態，難以想像還有什麼需要改進的地方。等等……你**不是**這樣嗎？

事實上，大多數人對自己的工作或多或少還算滿意，但不會把工作視為主要的滿足感來源。他們不知道該如何改善工作狀態，因此將工作留在「足夠好」的程度。例如，二〇二二年一項研究發現，僅十六%的員工對自己的工作感到「非常滿意」。[4]三十七%受訪員工感到「有些滿意」。其他人則表示他們「有些不滿意」或「非常不滿意」，有些人則說：「幸好我還有工作。」你的回答是什麼呢？

要像亞歷克斯一樣樂在工作，首先你要清楚自己的工作目標。如果你對上述問題的反應是「幸好我還有工作」，你可能慶幸自己沒被公司解雇，畢竟失業威脅是造成我們生活不幸的最大禍首之一。根據二〇一八年的一項研究，認為自己「非常可能」或「相當可能」被炒魷魚的美國成人中，覺得自己生活「不太快樂」的機率遠高於「不太可能」被解雇的受訪者，足足有三倍多。[5]在二〇一四年的一項研究中，經濟學家發現，失業率每上升一%，會導致整體國民的幸福感下降，降幅足足是同樣一%升幅通膨率的五倍多。[6]

如果你未面臨真正的失業風險，可以設定更高的工作目標。正如社會科學家所指出的，儘管薪資和福利是**必要**條件，但並非**充分**條件。一如飲食和睡眠之於健康，薪資和福利對於生活也非常重要，你絕對需要它們，但是如果你過度看重並一味追求它們，對你其實弊大於利。如果你把薪資和福利視為唯一的關注焦點，到頭來會落得不健康又不快樂。

薪資和福利被稱為外在獎酬，係根據外部的規定與制度。如果工作讓你位高權重、名氣響噹噹，這些附加好處也是屬於外在獎酬。此外，你的工作還具有內在獎酬，指的是你來自內在的誘因，包括工作給你的滿足感和愉悅感。你需要外在獎酬維持生計，也需要內在獎酬讓自己更快樂。

一九七三年的一項經典研究中，史丹佛大學和密西根大學的研究員讓一組孩子選擇他們喜歡的遊戲，例如用麥克筆畫畫，他們非常開心地作畫（內在獎酬）。[7]稍後，這些孩子獲得一張證書，上面蓋了金色戳印並綁上絲帶（外在獎酬）。研究員發現，孩子獲得證書後，想繼續畫畫的動力大幅下降，比尚未獲得證書前少了一半左右。之後數十年裡，許多研究也都顯示類似的結果，儘管活動與研究對象並不相同。[8]

我們人類有個有趣的傾向，會根據我們獲得的獎酬，評價我們所做的事。如果有人付錢請我們做事，一定是苦差事——否則幹嘛支付我們報酬。這就是為什麼在實驗裡，若研究員給受試者報酬，受試者的滿足感會下降。這當然不代表我們付出勞動都不該收取報酬；而是強調，為了幸福，我們的目標不該只是一味地追求外在獎酬。我們還應該有自覺地專注內在目標。

如何在工作中獲得內在獎酬同時又能維持生計呢？辦法之一是不妨參考畢業典禮時演講嘉賓給出的建議：「找一份熱愛的工作，你這輩子就沒有一天像是在工作。」聽起來每天都像是在享受，這就是內在獎酬。

但是我們在現實生活中從未見過這樣的工作，你可能多少也對這些講者的建議感到懷疑，因為這些建議似乎總是來自非常成功的人，如果你深入了解他們的背景，會發現他們在職業生涯的早期確實是賣命工作，追求成功事業的過程中，在個人的諸多人際關係上（包括家庭、愛情、友誼等）付出巨大的代價。他們顯然沒有聽從自己的建議。

當然你不該選擇一份讓你討厭的工作，但是內在獎酬也不是讓你「每天上班都覺得超有趣」。若你一味追求這種實際上並不存在的理想工作，最終只會導致沮喪。與其不斷尋覓「與你水乳交融」的理想工作，更好的做法是在求職時保持彈性與開放性，但需要考慮兩件重要的事情。

第一是**努力有成**（earned success）。你可以將其看作是「習得無助感」（learned helplessness）的反向教材。習得無助感一詞由心理學家馬丁．塞利格曼（Martin Seligman）所創，意指當我們反覆經歷超出我們所能掌控的不愉快刺激後，內心會生出再怎麼努力也徒勞的無助感與自暴自棄感。[9]反之，努力有成讓你有成就感，自信能勝任工作（professional efficacy），亦即你的工作成效受到肯定，進而提高你對工作的投入程度，這也是衡量工作滿意度的可信指標。[10]

享受努力有成的最佳方式便是盡力提高自己的工作表現，不論努力工作是否能獲得升等或加薪等外在報酬都無所謂。不過工作表現若能得到這些外在獎酬的肯定，確實讓人開心。雇主若能提供明確的指導和反饋、獎勵優秀表現、鼓勵員工開發新技能，確實是好雇主。即使你的工作沒有這類外在獎酬，你也要為自己設定卓越目標，例如：「今天我會讓每位顧客覺得自己與眾不同。」

這就引出了與之相關的第二個內在目標——**服務他人**，你覺得自己的工作讓周遭世界變得更好。這不代表你需要做志工或者在慈善機構工作才能過得快樂（研究顯示，從事慈善或志工等非營利性工作，並不比在營利單位或公家機關上班更讓人充實或開心）。[11]其實，你可以在任何一個工作崗位找到服務他人的機會。

一位年輕人在一篇投稿到媒體的文章中完美地闡述了這一點，他解釋自己為什麼儘管擁有企管碩士的高學歷，仍選擇在西班牙大城巴塞隆納的一家餐廳當服務生。[12]正如他所說，他的顧客「各個都是貴賓，地位平等。他們在餐桌上都是顧客，被服務生一視同仁，沒有高低之別……能夠為登上報紙頭版的政治人物以及讀著報紙等待女友赴約的年輕人，提供零差別的服務，這真是太好了」。這位年輕人需要外在獎酬維持生計，但他並沒有選擇將外在獎酬最大化，而無視內在獎酬。

某些工作較容易做到努力有成和服務他人這兩點。如果你覺得自己的工作會傷害他人，將難以實現服務他人的目標。所以根據許多過來人的經驗法則，找工作時，最好是雇主的價值觀和自身價值觀契合。當你相信自己這份工作的使命，多半對它有很高的內在動力。[13]尤其是雇主的使命與工作的價值具有特殊的道德、哲學或精神意義時，員工的內在動力更明顯，即使得勞心勞神又充滿挑戰。二〇一二年一項針對護士所做的研究發現，最快樂的護士認為白衣天使的工作是「神聖的職業，是能讓他們內心獲得愉悅和滿足感的途徑」。[14]

我們非常清楚這兩個目標不易實現，即使在最好的情況下，有時仍會覺得它們難以捉摸。就算你找到了能信任的雇主，他們會根據你的表現給薪，而且你整天都在為他人提供服務，但有時候你下了班仍會感到空虛和沮喪。不妨將這種情況想像成自己在一艘帆船上，你知道風會導致船一再偏離原來航道，但只要你有正確的座標，總是能夠重新回到正軌，繼續前行。

挑戰二：職涯發展路徑

依賴外在獎酬會降低滿足感，甚至可能讓你受困在不適合自己的職業或工作，一困就是數十年。這是因為外在獎酬會讓你踏上不合自己興趣或價值觀的職涯路。

無論你賺得盆滿缽滿，還是只有微薄收入，你自小就被灌輸穩當的職涯發展路徑只有一條：選定一個專業，找到相關的工作，除非有更好的機會才考慮跳槽。舉例而言，你高中畢業後，在一家律師事務所擔任接待員的工作。當工作變得無聊又壓力山大時，你不會一走了之，而是堅持下去，直到其他公司提供更好的工作機會，你才會另謀高就。同理，不論你是大學教授還是脫口秀主持人，這條職涯路都一樣。你會一直待在同一家公司，直到更高薪、更好的工作向你招手。這就是心理學家所謂的「線性」職涯模式。[15]

這模式對一些人而言很合理，但對另一些人來說，卻是嚴重的問題。舉例而言，也許你興趣廣泛，認為回到學校再進修以利轉換職涯跑道是件有趣又好玩的事。也許你非常重視生活，也非常擅長經營生活，所以不希望長時間工作，即使無法升等也不介意。線性的職涯發展模式不包括上述選項。也許你是受過高等教育的女性，有份優渥的工作，但孩子出生後你想待在家裡育嬰，但線性的職涯模式會告訴你：「抱歉，你不能這樣做。」

幸運的是，還有其他三種職涯模式。「穩定型」職涯發展模式是在一個職位一待就是數十年，雖然晉升機會不多，但可累積專業知識。這種模式非常看重工作的穩定性，不會為了出人頭地而每天賣命工作。相較於現在，這種模式在過去更普遍。如果你真的非常看重穩定性，雖然這份工作無法讓你賺大錢，但足以提供經濟保障，並且讓你在工作之餘有足夠的時間經營自己非常關心的事，那麼穩定型的職涯模式可能是你的菜。

另一種模式是「三分鐘熱度」（transitory），指的是頻繁跳槽換工作。外人看來，你似乎沒有定性，亂七八糟：一下子在科羅拉多州的丹佛當服務生；一下子又跑到亞利桑那州土桑，受雇於搬家公司。幾年後，你可能移居西雅圖，開長途貨車維生。然而這並非沒有定性，而是喜歡求新求異，根據生活方式、地點或社交圈等非工作因素轉換工作。

第三種類型是「螺旋式上升」的職涯發展，類似一系列較小規模的職涯，一環一環地銜接向上。在這種模式下，可能每十年左右來一次大轉換，但這種改變是有計畫的。善用在某專業的技能和知識，勇於跨足到不同領域，藉此累積多元的經驗與能力，充實個人實力。舉例來說，你畢業後可能從事與所學相關的工作，一做就是十年。然後你可能運用自己的技能跨足到另一個領域，儘管薪水可能較低。或是利用累積的專業，創辦自己的事業。或者可能退出職場，花十年在家相夫教子，然後再回歸職場，從事與之前完全不同的工作。

也許你會問，哪條職涯發展路徑才適合自己？在內心深處，你可能已有答案。我們剛才描述的模式，其中一種或許讓你感到興奮，也可能有些害怕，或是讓你麻木無感。總的來說，傾聽內心的感受，這是讓你清楚知道哪條職涯發展道路更適合你。始終追隨內心發出的訊號——即便這可能讓你感到不安。當你遇到一個工作機會，在接下來的幾天或幾週，花些時間靜心思考這份工作或職業的細節，然後觀察自己對它的感受。這個機會讓你**興奮**、**害怕**、**還是麻木無感**？

比如說，你在公司擔任管理層職務。你喜歡現在的工作，也和同事相處愉快，擔心升級太快工作壓力會升高，恐怕會降低對工作的熱情，並打亂工作與生活之間的平衡。但這是一次難得的機會，薪水又相當優渥，幾乎每個人都勸你接受。如果這個機會讓你興奮且略感害怕，這是你應該勇於前進的訊號。如果只會讓你害怕，你需要更多的訊息。如果你預期自己轉任新職後對於工作會麻木無感，答案很明顯：拒絕吧。

挑戰三：工作成癮

如果你已經確定了正確的目標，找到自己職涯發展之路，那麼恭喜你，但是這不代表你已經遠離風險，可以高枕無憂，特別是懷抱雄心壯志、勤奮耕耘的人要格外注意。第一個要注意的風險是成為工作狂的傾向，有人為了轉移或逃避生活中各種不順遂的痛苦而寄情於工作，此舉不僅無法解決根本問題，還可能傷害與家人的關係，讓問題變得更嚴重。

不妨思考一下邱吉爾的例子，他身兼多個角色，是英國政治大老、軍人和作家。在一九三〇年代，他是世上率先對納粹威脅提出警告的領袖之一，隨後在第二次世界大戰中擔任同盟國領袖，力抗軸心國，深受全球景仰。戰爭期間，他出任英國首相，每天工作時間長達十八個小時。儘管忙得像陀螺，他仍勤於筆耕，一本接一本地出書。生平完成四十三本書，共七十二卷。[16]

你可能會敬佩邱吉爾，而且有充分的理由佩服他，但你不該羨慕他。他深受憂鬱症困擾，稱此病是住在他心中的「黑狗」，一再困擾他。他曾經告訴醫生：「我不喜歡站在船邊低頭看著水，下一瞬間就讓自己一了百了。」[17]

邱吉爾如此痛苦，還能交出這麼漂亮的工作成績，簡直令人難以置信。有些人認為，他的憂鬱症可能是躁鬱症，能在情緒過高的躁期，彷彿機器不眠不休地工作。不過一些邱吉爾的人物傳記作家則提出不同的解釋，指出邱吉爾的工作狂與其說是受苦使然，不如說是**因為痛苦**逼得他藉工作轉移注意力所致。[18]他藉工作逃避面對自己的痛苦，為免你覺得這說法過於牽強，現代研究可以佐證。研究發現，工作狂是一種常見的成癮現象，用以逃避焦慮、恐懼等情緒或感受。而且像許多成癮反應一樣，若用工作緩解原本打算要緩解的困境，反而會惡化困境。

在二〇一八年，研究員根據跨度十年的數據量，分析後發現，二十四％的焦慮症患者以及近二十二％的情緒障礙患者（如重度憂鬱症或躁鬱症患者），自行靠酒精或毒品治療或緩解心理問題。[19]自己用藥（self-medicate，自我藥療）更有可能養成物質（藥物）成癮的問題。例如，流行病學的數據顯示，用酒精自我藥療焦慮症的人，導致不停地依賴酒精的可能性是其他非自我藥療者的六倍多。[20]

有力的證據顯示，有些人也會用工作處理（緩解）自己的情緒問題，這可能導致過度依賴工作至成癮程度。許多研究顯示，工作狂與精神疾病的症狀（例如焦慮和憂鬱）之間存在強烈的關聯性。此外，大家普遍認為，強迫型工作者會出現這些疾病。[21]然而一些心理學家最近提出相反的因果關係，亦即有些人可能用過度工作來治療他們的憂鬱和焦慮。[22]正如二〇一六年一個被廣泛報導的研究指出：「（某些情況下），工作狂變成了一些人試圖緩解焦慮和憂鬱等負面情緒的做法。」[23]

這或許可以解釋為什麼在新冠疫情大流行期間，許多人拉長了工作時數。[24]在封鎖初期的幾個月，大家要面對無聊、孤單和焦慮；到了二〇二〇年五月底，美國疾病控制與預防中心的數據顯示，近四分之一的美國成年人出現憂鬱症狀[25]（在二〇一九年，這比例僅六．五%）。或許一部分人選擇透過加倍投入工作，讓自己保持忙碌和高產，以此自我療癒。

那些過度投入工作的人很容易否認工作狂是問題，因而忽視了導致自己成為工作狂的一些潛在毛病。努力工作怎麼會有毛病呢？誠如史丹佛大學精神科醫師安娜．蘭布克（Anna Lembke）在其著作《多巴胺國度：在縱慾年代找到身心平衡》中所言：「即使之前被視為健康與適應的行為（文化裡被普遍視為健康有益的行為）現在也已經『被藥物化』（drugified），亦即被過度依賴與使用，以至於變得更強大、更易取得、更新式、更無所不在。」[26]如果你在家裡還會偷偷溜進浴室，用手機電郵軟體收發工作資料，她說的就是你。

此外，說到工作，大家會獎勵你過度工作。沒有人會說：「哇，一晚上喝掉整瓶琴酒？你真是一流的酒鬼。」但如果你每天工作十六個小時，你可能會獲得晉升的機會。

儘管工作過度受到普遍肯定，但代價絕對超過好處，就像自我藥療最後往往變成藥物成癮的現象。工作過度導致的體力透支、憂鬱、工作壓力、工作—生活無法平衡等問題將惡化，而非獲得改善。[27]而且正如蘭布克所言，工作狂可能導致次級成癮問題（secondary addictions），例如對藥物、酒精或色情產生依賴，我們會依賴這些東西自我治療主要成癮（primary addiction）所衍生的問題，結果往往對個人造成災難性的後果。

哈佛大學教授艾希莉．威蘭斯（Ashley Whillans）[28]指出，有辦法解決工作成癮的問題。她提出三種做法，首先是「時間審計」（time audit）。一連幾天，仔細記錄每天的主要活動，諸如工作、休閒娛樂、出門繳費採購等等，然後寫下每個活動所花費的時間與做這些事時的感受。找出讓你心情最好、覺得最有意義的活動。時間審計將透露兩個訊息給你：一，你對工作花了多少時間（不容你否認）；二，你在工作以外的時間，喜歡做什麼（讓放下工作恢復元氣變得更有吸引力）。

威蘭斯教授建議的第二個做法是設定「停工時間」（downtime）。工作狂習慣把和工作無關的活動邊緣化，認為它們「可有可無」，因此會用工作佔據非工作的時間。其實工作到了最後一個小時（例如第十四個小時），效率已大幅下降，所以不妨放下工作，將這效率不高的工作時間用於陪伴孩子。就像你會為會議預留時間一樣，不妨空出一天中某個時段，安排一些與工作無關的活動。

第三個建議是安排下班後的休閒活動。勿讓「停工時間」過於鬆散，因為缺乏明確計畫的停工時間很容易引誘你重新投入工作懷抱，或是做些不利健康的被動活動，例如不停地滑手機瀏覽社群媒體、看電視等等。你平常應該會列出清單，按優先順序排列待辦的事項，對於停工時間的休閒活動也該如此。為你看重的休閒活動（尤其是需要你積極參與的項目）預做計畫，然後按表操課。如果你喜歡打電話給朋友，不要等到碰巧有空了才打，事先做好安排，並確實履行計畫。把散步、祈禱時間、健身課程看作是和總統開會一樣重要，務必照計畫進行。

解決工作成癮的問題可以讓我們的生活出現實質性的改變。你有更多時間關注家人和朋友；有時間做些不實用但讓你開心的消遣活動；更懂得照顧自己的身體，例如運動。證據顯示，上述一切都可以提高幸福感，或是降低不快樂指數。

正視工作成癮的問題，但仍未解決一開始導致工作過度的根本原因。或許你也像邱吉爾一樣，經常受到心中的「黑狗」困擾。或者你的困擾是另一種形式：婚姻問題、長期的自卑情結、甚至可能是注意力不足過動症（ADHD）或強迫症（OCD）等等，這些問題都與工作過度有關。[29]停止利用工作逃避這些問題等於是給自己機會面對心中的困擾，或許你可以尋求專業協助，幫助你解決一開始導致你對工作過度上癮的深層問題。

相較於向「捕狗人」（上司、同事、工作）求援，直接面對黑狗可能更讓人害怕。不要像邱吉爾一樣靠過度工作逃避問題，因為你可能找得到徹底擺脫心中那隻黑狗的辦法。

挑戰四：工作與自我認同

不管你的職涯發展模式是線性、穩定型、三分鐘熱度，還是螺旋式上升，你很可能非常在意自己的工作。被問及從事何種職業時，你會興高采烈地向他們介紹你的工作，因為在很大程度上，工作與自我身分認同緊密相連，這對於積極追求自我成長的人而言，更是如此。

強烈認同自己的職業並為自己的工作感到自豪並沒有錯。工作上追求卓越是一大美德，我們也一直盡最大努力，在謀生的職場上力求出人頭地，但是這麼做暗藏一種危險。你會輕易地用工作頭銜或職責代表你，以至於真實的自我（true self）不見了。換言之，你不是三個孩子的母親瑪麗；不是體貼入微的丈夫約翰。在他人眼中，你的首要身分是地區經理瑪麗，或是資深教師約翰。這就是所謂的**自我物化**（self-objectification）。

將他人看成物品顯然是有問題的。研究顯示，當一個人被物化，例如被他人拿身體特徵定義自我價值，包括被他人用眼睛吃冰淇淋或肢體騷擾，影響所及，被物化者的自信心和工作能力都會下降。[30] 哲學家康德（Immanuel Kant）稱這現象是變成「他人欲望的對象」，這時「人與人互動該遵循的道德都停止發揮作用」。[31]

身體被物化只是其中一種類型，工作時被物化是另外一種，而且特別危險。二〇二一年的一項研究分析了職場的物化現象，結果發現，物化會導致身心俱疲、對工作不滿，以及憂鬱症。[32] 這種情況可能是因為老闆把員工當成隨時可取代的勞動力，或是員工視老闆只是發薪水的人。

因此大家不難理解，為何我們不該物化他人。然而還有一個不明顯但同樣危險的物化現象：當物化的主體和被物化的客體是同一個人時——也就是你物化了自己。我們會透過很多方式物化自己，例如用外貌、經濟地位、政治觀點等評估自身的價值，但不論什麼方式，都可歸結到一個有害的核心行為：將自己身為人的多樣性，簡化壓縮到只剩一個特徵，並鼓勵其他人也這麼看自己。在職場，這可能意味用薪資或頭銜決定自我價值。

就像社群媒體鼓勵我們用外貌物化自己，工作文化也鼓勵我們用職業物化自己。美國人習慣欽佩忙於工作且雄心勃勃的人，因此容易讓工作佔據生活的每一刻。很多人幾乎只談論他們的工作，這等於在告訴他人：「我等於名片的頭銜。」這種心態或說法可能優於「我是老闆的工具」，至少「我等於名片的頭銜」聽起來更像個人，也比較給力，但這種想法有個致命的缺陷：因為理論上，你可以辭掉現在的老闆，另謀高就。但是你辭不掉**自己**。請記住：**你是自己的執行長**。

職場的自我物化如同虐待，因為我們對待自己猶如差勁的老闆對待員工，缺乏憐憫和愛心。請假或不上班讓我們內疚不已，覺得自己懶散不夠勤奮，一直在指責和貶低自我。被問到「我夠成功了嗎？」，答案總是「不——得再加把勁！」等到結束退場的一天（因為職業生涯走下坡或是遭遇挫折），我們就會感到空虛和油盡燈枯。

在工作或職涯路上，你是否物化了自己？如果是，你得認清一件事：只要你一直物化自己，你永遠不會感到滿足。工作或職涯應該只是你這個人的一部分，而非全部，所以不該易客為主。以下兩個做法可以幫助你重新評估自己的人生要務。

首先，讓工作和生活之間保持一些距離。以關係為例，也許你正經歷一兩段不健康的關係，但若要看清這一點，唯有與它保持距離一途（無論是出於自願還是非自願）。事實上，保持距離才看得清真相，這可能才是導致大多數分居關係最後以離婚收場的原因，若雙方分居的時間超過一年，離婚的比例更高。[33]有了距離與空間，你可以看得更清楚、更客觀，做出更明智的決定。

同樣的原則也適用於職涯。首先，度假的主要目的應該是自工作中脫身（與工作保持距離），同時和所愛的人共度美好時光。這聽起來不是顯而易見的道理嗎？**度假**不就是該完全放下工作嗎？其實雇主應該感謝員工休假，畢竟體力恢復後重回工作崗位，員工的表現會更好。

工作不忘休息的觀念類似古老的安息日，即每週定期放下工作休息。在安息日這個宗教傳統中，休息不僅是可有可無、錦上添花的事，更是理解上帝和自我的必要關鍵。根據舊約《出埃及記》，「因為六日之內，耶和華造天、地、海，和其中的萬物，第七日便安息。所以耶和華賜福與安息日，定為聖日。」如果上帝會放下工作休息，或許你也應該如此。

休息不應只侷限於宗教，形式也不僅限於在星期六或星期日放下所有工作。[34]例如，你可以每天晚上花些時間進入休息狀態，遠離工作，全心經營人際關係或從事休閒活動（這也包括不檢查郵件）。

再者，結交一些朋友，他們不會物化你（亦即不會僅看中你的職業或頭銜）。習慣自我物化的人，主動搭訕結交的對象也多半只看重他們的工作成就，這是人之常情。但自我物化很容易變成結交真心好友的障礙，而我們都需要真心朋友。如果交友時習慣自我物化（過於看重自己的外貌與職業等等），別人（你的朋友）也容易物化你。

這就是為什麼我們需要結交工作圈以外的朋友。結交與工作無關的朋友，有助於你培養與工作無關的廣泛興趣和美德，發展成更全方位的人。這一點與第一個建議相輔相成，都是與工作保持距離。第一點建議你安排時間休息，與工作保持距離。第二點建議你結交與工作無關的人為友（如果你的工作是在家相夫教子，這個原則依然適用。你需要結交一些人，他們不會只把你視為家庭主婦或照顧者）。

擺脫物化自我的習性可能讓你感到不安，原因很簡單：我們都希望靠某種條件讓自己顯得與眾不同，例如比他人更努力工作、工作表現更出色等等，這些似乎是最直接的做法。自我物化是人類正常而自然的行動驅力，但也可能導致毀滅性結果。[35] 許多成功人士坦承，他們寧願與眾不同，儘管犧牲快樂也無所謂。[36]

諷刺的是，努力成為獨特的人，倒頭來卻把自己簡化到只剩一個特質，把自己物化成了工作機器裡的齒輪。在希臘神話裡，納西瑟斯（自戀者）並非愛上自己，而是愛上自己在水中的倒影。用工作物化自我的現象也是如此：我們漸漸愛上了事業成功的自我，而非真實的自我。

請不要犯同樣的錯。你不是你的工作，我們的工作也不是我們的全部。請將目光從扭曲的倒影挪開，勇於體驗自己完整的人生和真實的自我。

具體可見的愛

若要打造你想要的生活，必須確保工作與生活能夠平衡。不妨想想：你三**分之**一左右的人生都花在工作上——無論是朝九晚五的正式工作、養兒育女，還是其他安排。

當你檢視自己的職涯，考慮做些改變時，請記住本章提到的四個挑戰，以及哪些做法能幫助你將這些挑戰轉化為增加自己幸福感的重要機會。

一，追求內在回報。工作提供的最大滿足感不是金錢和權勢，而是付出的努力有成，以及透過工作為他人提供服務。努力實現這些工作目標，你所打造的工作人生將能不停地帶給你和他人喜悅。

二，追求成功事業和幸福人生之間，並非只有一條路可走。先確認自己的職涯模式是線性、穩定型、三分鐘熱度，還是螺旋式上升，然後選擇適合自己的職涯發展之路，並在追求職涯成就時，時時關注內在的需求與感受。

三，對數百萬美國人以及世界各地的許多人而言，工作成癮的現象絕不容開玩笑。誠實地分析自己的工作模式，判斷自己的工作習慣是否健康正常。

四，你不是你的工作。若把自己物化成工作機器，人生將無快樂可言。務必讓自己與工作保持一些距離，以及結交一些朋友，他們看中的是你這個人，而非名片上的頭銜。

再次強調，本書無法告訴你哪個工作會讓你充分感到幸福快樂，一切取決於你自己。所有讓人快樂的工作具備一個共通點：對你而言，工作不僅是滿足生理與物質需求的手段。這也是為什麼我們把這一章的標題命名為「工作是具體可見的愛」。

這可能是難以做到的高要求。有時候，你可能覺得工作沒有讓自己或他人看到愛，甚至感覺不到愛的存在。重點不在於達到遙不可及的完美狀態，而是努力求進步。若要過得更幸福，你的目標是賦予工作意義。

對於看重精神或宗教層次的人而言，如何讓工作有意義？秘訣在於將工作與形而上的精神目標相結合，這正是西班牙天主教神父聖施禮華（Josemaría Escrivá）的基本哲學觀。他主張，透過工作，我們可以熱情地對世界傳播愛：

〔上帝〕每天都在等著我們，在實驗室裡、在手術室裡、在軍營裡、在大學講堂裡、在工廠裡、在工作室裡、在田野裡、在家裡、在龐大的全景工作環境裡。你必須深入明白以下這一點：在最普通平凡的工作裡，都隱藏著神聖、神奇的寶藏，而這要靠每個人自己去發現。[37]

或許你讀到這段話會感到驚訝，竟然有人能在和你一樣的普通工作裡（或是生活裡任何一個俗事裡）發現神。這是可能的，而且你也做得到——無論你是否有宗教信仰。但這需要你理解打造快樂生活的另一個支柱：**找到通向精神（靈性）層次的道路**。

第8章 找到你的奇異恩典

〈奇異恩典〉（Amazing Grace）是最廣為人知的基督教聖歌，至今已被重唱錄製了七千多次。[1]你肯定知道這首聖歌的旋律，說不定還能哼唱第一節的歌詞。

奇異恩典，何等甘甜
拯救了像我這般無助的人
我曾迷失，如今已被找回
曾經盲目，如今又能看見

但你或許不知道這首著名聖歌背後的故事。它是由英國詩人兼牧師約翰・牛頓（John Newton）在一七七二年完成的作品，牛頓填寫這首歌詞時已四十七歲，他表示，在此之前自己曾過著「放蕩和罪惡」的生活，遠離宗教信仰和道德原則。[2]他因為不想被強徵進入皇家海軍服役，所以做了逃兵，靠著販運奴隸維持生計。

有一次牛頓在返回倫敦的船上，在海上突然遭遇暴風雨，許多船員被海浪捲走，他自己也險些喪命。後來他思索自己幸運生還的原因，認定是上帝的手救了他，顯示他的生命另有安排，而他的目標就是找到這個安排是什麼。他將注意力轉向上帝的愛，漸漸地，他的習慣和信仰發生了改變。他娶妻，最後成為牧師，並且力主廢除奴隸制度。而今他被認為是英國立法廢除奴隸制度的重要推手之一。

牛頓相信，信仰讓他的人生首次享有真正的自由。雖然他絕對不是第一個提出這種說法的人，但是他創作的知名聖歌提出了兩個引人側目的說法。一，不是他找到信仰，而是**信仰找到了他**。再者，他的幸福快樂不是因為迴避生活的真相。正好相反，唯有當他終於看清真相，他才遇見了幸福。

〈奇異恩典〉聖歌做出的大膽主張是：尋找超越人類經驗的絕對真理。牛頓尋找的超驗性真理（transcendent truth）存在於基督教；不過更廣泛地說，超驗性真理不只存在於宗教，還存在於任何不受此地此刻侷限的東西裡，它猶如一道光，照亮周遭。超驗性真理能讓你真正**看清現實**，繼而帶給你無與倫比的快樂，這是其他東西或體驗給不了的。

有些人對此的回應可能是，這太**荒謬離譜**。若要看清現實，難道應該專注於看不見、無法實證的東西嗎？理性需要信仰嗎？其實這就好比火需要水，光明需要黑暗一樣，看似互相排斥，其實是共存的。

事實上，這門學科的結論非常明確。超驗性信仰和經歷對我們努力追求幸福發揮極大助力。為什麼會如此呢？如果沒有外力的協助，純靠自己的努力，通常我們只會關注個人生活的瑣碎小事。我們的注意力會被工作、家庭、金錢、社群媒體、午餐等瑣碎事情瓜分，這是人之常情。這些事並非無關緊要，但是如果我們只關注自身以及我們狹隘的興趣，生活會變得……嗯，**單調乏味**。我們會失去對生命的洞悉力。

踏上形而上的超驗之旅，有助於我們更精闢地看待人生，讓我們的視野更寬更遠，不會只關注自己日常的煩惱和瑣事。我們會更快樂，因為形而上的超驗體驗會讓我們的注意力，從自身轉移到浩瀚壯觀的宇宙。它讓我們更善良、更慷慨，不再耽溺於追求和保有個人財富等物欲，而是能與我們所處的世界保持和諧與同步，因為我們也是周遭世界的一分子。更重要的是，超驗的體驗是冒險之旅，是精神層次的探險，能夠為我們的生活增添前所未有的刺激與悸動。

然而我們卻被所處的世界（以及我們的情緒）束縛。因為心靈世界的體驗（interior life）在科學上無法獲得驗證，因為無法驗證看不見的事物，所以有人主張，這種超驗的信仰不過是迷信罷了，受到這種主張影響，有些人會為了相信看不見的神秘體驗而感到羞愧。生活在不斷貶低信仰和靈性的文化裡，他們漸漸失去信心，並對超驗體驗抱持強烈的懷疑態度。畢竟他們並未太常**感受到**這種神秘體驗，所以認定這種感覺荒謬而愚蠢。

其實靈性體驗具有深厚的科學基礎，這些超驗性體驗提供我們跟生命相關的重要訊息，這些訊息可是其他途徑無法得到的。然而要獲得超驗體驗需要付出努力和承諾。過程中所面臨的挑戰，以及因應這些挑戰的做法，是本章的重點。

撰文討論信仰可是吃力不討好

對於我們兩人而言，靈性和信仰是我們生活的核心。在本章，我們並不打算說服你們改信任何特定的信仰，包括我們自己的信仰。但我們應在本章一開始先透露我們的信仰，供你閱讀本章時參考之用。

亞瑟：我的信仰是我人生最重要的一環。我在基督教新教家庭長大，但在十幾歲時，在墨西哥首都墨西哥市的瓜達盧佩聖母堂經歷了一次神秘的體驗後，改信了天主教

（我父母不是很開心，但他們認為青少年難免叛逆，這種叛逆至少比吸毒好）。我的信仰在成年後愈來愈堅定，尤其是在我專門研究快樂學之後。而今我每天都參加彌撒，晚上與妻子艾絲特一起誦念玫瑰經——這是一種古老的天主教冥想祈禱形式。

我對自己的信仰非常虔誠，並勤於實踐，但我也認真學習西方和東方其他宗教，還與許多不同信仰的領導人保持不錯的關係。我曾與印度教、佛教、伊斯蘭教和猶太教的學者合作，他們協助我進一步接近上帝，教導我許多真理，幫助我精進實踐教義，也豐富我的靈魂。此外，我還從斯多葛學派等世俗的哲學觀吸收大量有益我信仰的內容。

歐普拉：我一生都被神的手牽著前進，我稱這隻手是上帝。我信奉並禮敬基督教，但我也對宇宙間各式各樣的神秘連結抱持開放態度，我深信我們與萬物都有相同的起源，彼此相連共同構成了一個整體（oneness）。用法國神學家兼哲學家德日進（Pierre Teilhard de Chardin）的話來說，我相信我們是靈性的存在，過著人的生活與經歷，我相信在自然界以及在我認為的「生命」裡，我們所有人都以某種方式相互連結。

我在自己製作主持的電視節目與播客《Super Soul》裡，訪談了數百位宗教界以及非宗教界的靈性導師和思想領袖，這些來賓都強調探索靈性是一趟最深刻最有意義的旅程。在數千次的對談中，我發現「生命」一直不停地與我們對話，力勸我們成長，成為最好的自己。對我而言，探索靈性為我提供了快速道路，直通我想要過的生活。

對於有宗教信仰的人（不管信仰哪個宗教），以及無宗教信仰的人，我們都心存大愛與感恩，只要他們真心努力地幫助他人精進成長，或是努力讓世界變得更好，讓所有人因此受益。再次強調，這一章的目標**不是**說服你接受我們的宗教信仰和實踐方式。而是告訴大家，若能培養深入生命具體現象背後、超驗的、形而上的洞悉力，不僅可以豐富你的存在（豐富的程度之大，幾乎無法測量），同時也能幫助到他人。

你的靈性腦

為什麼虔誠教徒和追求靈性成長的人士會認真練習與實踐呢？被問到這個問題，他們鮮少會說：「為了更幸福快樂。」但是他們很可能告訴你，這讓他們在混沌不明的世界裡洞悉自己的生命意義，他們和約翰・牛頓一樣，發現日常例行事務或是娛樂、消費等休閒活動，無法讓他們獲得洞悉力。他們追求的是一種「更大」的體驗，例如敬畏感、與其他人或者神融為一體、超越時空界線的感受等等，這些都不是日常生活所能給予的。

這絕非遊戲，一點都不好玩。開始練習探索靈性時，不少人會說，他們出現強烈的不適，因為這個練習猶如一道明亮的光，照亮他們的內心，讓他們看清自我。剛開始練習冥想的人，必須學習與自己的思緒獨處，這對他們是全新的體驗。一個人從無信仰變成虔誠的信徒後，必須面對自己的罪惡。若是研究哲學思想並將其見解應用於生活，這個過程也會導致恐懼和犧牲。投入探索靈性的練習後，幾乎每個人免不了會說：「我承認自己並非無所不知，而且所做的練習既不容易，還被外界認為古怪又愚蠢。」

但結果往往足以翻轉你的人生，首先出現改變的是我們的生理機能。心理學家麗莎·米勒（Lisa Miller）是《覺醒的大腦》（*The Awakened Brain*）一書的作者，她與同事合作，廣泛研究了超驗性經歷牽涉到的神經機制。她發現，相較於回憶飽受壓力的經歷，有關靈性經歷的記憶會降低大腦中與感知以及情緒相關的腦區活動，例如內側丘腦（medial thalamus）和尾狀核（caudate）的活動，影響所及，或許有助於我們擺脫過度思考和反覆思考的虛擬牢籠。[3] 還有學者則透過研究腦部受損患者的行為，發現靈性體驗與中腦導水管周圍灰質（periaqueductal gray）的活動相關，中腦導水管周圍灰質又名中腦中央灰質，位於腦幹區，功能是調節／緩和恐懼與疼痛，提高對愛的感受。[4]

尤其是深刻強烈的靈性體驗的記憶——比如與上帝的連結——已透過腦波儀捕捉觀察到。

在二〇〇八年，有個實驗以加爾默羅會（Carmelite）修道院的修女為研究對象，神經科學家要求這些修女回憶她們一生中最神秘的體驗，以及請她們回憶與另一個特別親密的人在一起的強烈感受，接著比較這兩種回憶引發的大腦活動。[5]在回憶神秘的體驗時，她們大腦的 θ 波顯著增加（相較於另一組回憶），這種模式與夢境類似。[6]在隨後的訪談中，修女談到在神秘體驗中感受到上帝的存在，以及無條件和源源不絕的愛。

宗教信仰與追尋（以及尋到）人生意義之間存在強烈的相關性。二〇一七年的一項研究，心理學家分析了四百四十二個人對宗教信仰的虔誠程度，發現信仰虔誠與否，與他們對生命意義的感受程度有強烈相關性。[7]由於清楚自己生命的意義與幸福快樂之間存在強烈關聯，所以宗教信仰和靈性活動也不令人意外地被證實，可以預防憂鬱症復發，減緩對錯誤的焦慮反應。[8]

靈性活動與身體疾病之間也發現了相同的模式。治療重病患者時，除了有醫生和護士照護，外加心靈輔導專業人士（例如牧師）參與，病患的生活品質會更好，優於心靈需求被醫治方案忽視的患者。[9]

加入宗教和靈性活動的社群，和大家一起精進信仰或是追求靈性成長，有助於降低孤獨感，畢竟是和大家一起練習。此外不少證據顯示，這麼做亦可強化社群黏性。[10]但是，研究顯示，靈性活動本身就能減輕孤獨感。在二〇一九年，研究員要求三百一十九人自評與信仰／靈性相關的肯定句陳述，例如：「我與上帝之間存在親密有意義的關係」。結果發現，這些靈性肯定句與孤獨感之間存在強烈的負相關，連帶改善了心理健康的水平。[11]

總而言之，靈性、宗教和其他形而上的經歷並非虛幻現象，它們會影響你的大腦活動，讓你獲得其他途徑無法給你的洞悉力和知識。

但是過程中會遇到諸多挑戰，其中最常見的三個挑戰是：難以集中注意力、不易找到自己的路、不易保持正確的動機。這些挑戰正是本章著墨的重點。

挑戰一：你的猴子心智

生活中最大的問題之一在於，嗯，我們總是錯過。當然並不是字面上的錯過，但是不妨想想看：你有多少時間真正地活在當下？我們平常大部分時間不會全神專注於當下，注意力大部分放在過去和未來，而非聚焦在此時此刻。如果你不信，只需隨時觀察你的思緒，會發現思緒像一隻瘋狂的猴子，不停地移動轉換。這一刻你想的是上週某人告訴你的某件事，下一刻思緒換成這週末該做什麼。結果錯過或虛度了當下。

現在閉上雙眼，開始冥想或祈禱。你完全專注於當下的此時此刻，這就是正念（mindful）。換句話說，這個超驗狀態（冥想、祈禱等）讓你更深刻地體驗生活。

然而我們很少能時時刻刻維持正念狀態。人類有一種動物界少見的非凡能力——拒絕活在當下。其實人類心智的獨有特質是回播過去事件以及預播未來劇本。當然，這是難得的祝福，讓我們人類能夠回顧過去，從中學到寶貴心得，並利用這些心得，為未來有效預做準備。但這特質也是一種詛咒。一行禪師在其著作《正念的奇蹟》中解釋了這一點，指出：「洗碗時，應該只是洗碗，亦即洗碗時，對正在洗碗這件事保持完全的覺知。」[12]如果我們想著過去或未來，「洗碗的時候，我們並未活在當下。」

你無須是佛教徒也會知道正念在今天社會非常流行。市面上多達數十個應用程式和網站，幫助你學習最新的正念技巧。除了讓你專注於當下，研究發現正念或許是解決許多個人問題的解藥，能緩解憂鬱、降低焦慮、提升記憶，減輕背痛。[13]甚至可能提高考試分數。[14]

如果專注於當下的正念如此厲害，為什麼我們不每天練習呢？為什麼我們花那麼多時間懊悔或浪漫化過去的所作所為？為何憧憬未來？答案是，正念並非天性，專注於當下其實相當困難。許多心理學家認為，人類作為一個物種，演化將我們塑造成無法享受當下的生物。我們天生習慣回顧過去，也思考未來，尤其是預期未來可能發生的事，並嘗試新的想法。心理學家馬丁．塞利格曼甚至將我們人類從「智人」（Home Sapiens）改稱為「憧憬未來的人」（Homo prospectus），亦即我們人類天生傾向於關注未來。[15]

避免正念也能有效分散注意力，用以逃避或緩解痛苦。研究顯示，我們在心情不好時，注意力更容易分散以及東想西想，而在心情好時則較不容易如此。[16]一些導致不快樂、讓人分心和胡思亂想的負面情緒包括恐懼、焦慮、神經質，當然還有單調苦悶。[17]動不動就給自己負評，例如感到羞愧或自卑，也會導致分心，無法專注於當下。學者指出，對自己感到強烈羞愧的人，相較於沒有這種感覺的人，明顯地更容易分心與胡思亂想。[18]

如果你不易進入正念狀態，可能是因為兩個潛在問題：一，你不知道如何找到內心的平靜；二，你雖然**知道**，卻認為這狀態毫無樂趣可言。如果前者是阻礙你的原因，請務必深入研究關於精進正念的技巧和文獻，坊間不乏這些資訊。或者找個安靜的地方，正規地練習冥想。要不，只須專心觀察周遭環境亦可。

如果你的問題屬於後者，你需要勇敢面對恐懼以及造成不適的根源。長期而言，逃避問題解決不了問題；事實上，許多研究顯示，靠著東想西想逃避情緒問題，只會讓情況變得更糟，無助於改善問題。[19]你可以選擇尋求專業協助，找出並面對此時此刻讓你不滿的原因，就像你可能會因為婚姻問題向諮商師尋求協助一樣。即便只是承認你出現了恐懼、羞愧、內疚、悲傷或憤怒等負面情緒，可能就是解決問題的開始，只要這麼做能鼓勵你克服心魔，一改逃避，接納自己正處於某個負面情緒的狀態。其實這麼做可能不像你想的那麼難以承受。

請注意，正念並不等於專注地盯著自己的肚臍，旁若無人地沈思冥想。活在當下不代表只專注於自己以及自己的問題，忽視了他人。研究已經證明，過度關注自己，戒備心可能變強，態度也變得較負面。[20]其實正念應該幫助你意識到自己是更廣闊世界的一分子，並且觀察自己的情緒，不帶任何評斷與批判。當你努力專注於當下時，請提醒自己兩件事：你只是八十億人口之一；你的情緒來來去去，這是生命的常態。本書前面討論的後設認知練習，對你努力精進正念，應該大有幫助。

有時候你可能會分心——畢竟，你也是人類。有時你甚至可能故意這麼做。例如，在牙科診所等待看診時，你可能選擇閱讀雜誌，以免想著即將進行的根管治療。重點在於分心是否是你主動的選擇，若是，代表你是情緒的主人，並未被情緒操控。在這種情況下，分心是你管控情緒的工具之一，只不過應該謹慎使用——反倒是正念應該永遠是你預設的首選。

挑戰二：開始行動

踏上（或強化）超驗性之旅最重要的一步就是……嗯，**開始行動**。人終其一生都**希望**擁有信仰，卻不願付出努力去實現。天氣自然而然地說變就變，但開悟不像天氣，並非說有就有，而是需要絕對地專注。一如其他事情（例如上大學、改善身材等），最難的部分就是開始。要不要開始，完全是你的選擇。

以下是一些幫助你開始的做法。

首先，力求簡單。優秀的專業健身教練，尤其是擅長協助多年沒運動（或者可能從不運動）

的客戶重新愛上健身的教練。他們絕不會讓初學者在入門階段就接受一系列複雜的測試以及須按部就班嚴格執行的系統性鍛鍊。在最初的幾週，教練會鼓勵客戶每天進行一小時的輕鬆活動，例如散步（稍後我們會詳細討論這一點）。同理，當有人詢問如何開始靈性之旅時，最佳答覆也不是到喜馬拉雅山閉關三十天，以雙盤蓮花座靜坐——這相當於初次去健身房就想舉起和自己一樣重的槓鈴。其實最好是從一些簡單易行的步驟開始，比如低調地參加宗教儀式，默默地坐在後排，觀察活動過程，不評斷也不抱期望。

其次，多閱讀。靈性成長需要學習，需要廣泛閱讀充滿智慧的文章，包括自己所屬傳統的文獻（如果你有的話）。與上一個建議類似，不要從深奧的文章開始。與其閱讀巴利語寫成的原始佛陀經文或托馬斯．阿奎那的《神學大全》（*Summa Theologiae*），不如到圖書館或書店選擇一本更通俗易懂的佛教或基督教書籍。[21]

第三，順其自然。你努力用知識與理性管理自己的人生。你願意付出努力讓自己更快樂。嗯，非常棒。但是這可能要付出代價。說得具體點，你可能變得想控制一切，而掌控欲會妨礙你的靈性之旅，因為靈性成長往往需要的是直覺——允許自己以赤子之心體驗超出自己理解的神秘事物，不要用事實和知識扼殺了這些神秘體驗。當然在一本關於幸福科學的書籍裡提到這點，還頗有諷刺意味。但研究顯示，更依賴直覺思維模式的人（亦即習慣用「感覺」回答問題的人），相較於習慣分析與邏輯推理的人，會有更強烈的宗教信仰。[22]這個結果與學歷、收入、政治觀、智商都無關。換句話說，不要僅僅因為你無法解釋某件事或某個經歷，就排斥或否定它。

也許你讀到這裡已舉起白旗投降，自暴自棄地說：「我不懂你在說什麼。我不是一個有靈性的人。」其實沒關係。那麼你就做這麼一件事：走出去，與大自然建立連結。這方法經過時間淬煉，證實是獲得超驗靈性體驗的方式之一。

很不幸，這種體驗變得愈來愈罕見。畢竟，在十九世紀初，美國從事戶外工作的人口比例是九十%，到了二十世紀末，驟降到不及二十%。[23]至於休閒活動，也出現相同的趨勢：相較於二〇〇八年，美國人在二〇一八年外出接近大自然的次數減少了十億次。[24]最近，八十五%的成年人表示，他們小時候在戶外的時間高於現在的小孩。[25]短短幾個世紀（尤其是過去數十年），人類遠離自然的現象愈來愈明顯，原因如下。首先，人口移居都市，不像以前那麼容易接觸到自然。根據美國人口普查資料，在一八〇〇年，六・一%的美國人口居住在城市地區；在二〇〇〇年，這個比例上升到七十九%。[26]其次，無論你住在城市或鄉下，科技漸漸取代戶外，成為你關注的焦點。二〇一七年一項研究指出，各個年齡層盯著螢幕的時間都在暴漲，二〇一六年成年人每天平均盯著螢幕的時間是十小時三十九分鐘，而狩獵、釣魚、露營以及兒童在戶外嬉戲等活動卻大幅減少。[27]

也許你住在城市，工作環境以室內為主，整天和3C設備焦孟不離，猶如連體嬰——除了從家裡到車庫或火車站的這段路會走路，除此之外，你可能已經數月甚至數年之久，沒有徜徉於大自然裡。若真是如此，你可能會出現一些明顯的不適，比如壓力、焦慮，甚至是憂鬱。在二〇一五年的一項研究中，研究員讓受訪者在大自然或城市環境中走路五十分鐘。[28]結果發現，在大自然裡走路的人，焦慮程度相對較低、心情更好、工作記憶力更出色。他們十之八九不會同意如下的說法：「我經常回想已無需再擔心的生活片段。」

關注形而上的靈性層面讓你愈來愈不太在意他人的看法與意見。多接觸大自然也會有同樣的效果，這結果並不讓人意外。在二〇〇八年，研究員發現，在城市裡行走十五分鐘，相較於花同樣時間徜徉大自然的人，前者更可能同意以下的說法：「我擔心自己現在形於外的形象。」前者同意這個說法的機率比後者高了三十九％。[29]

如果你仍然對大自然的力量持疑，也許美國作家梭羅（Henry David Thoreau）的幾句話能說服你。梭羅相信大自然的超驗與靈性力量。他在一八六二年寫道：「我漫步在一片草地上，那裡是一條小溪的源頭。在寒冷陰沈的一天將盡之際，夕陽終於在落下前，在遙遠的**地平線**上鍍出一層金黃。」[30]在這個平凡無奇的經歷中，梭羅發現壯麗的景象，彷彿正走向聖地——「總有一天，太陽將放出前所未有的璀璨光芒，光芒也許會照進我們的頭腦和心靈，猶如覺醒之光點亮我們的整個人生。它溫暖、寧靜、金光熠熠，就像秋天河岸邊的夕照。」

梭羅相信大自然擁有超出我們理解的力量，接觸大地可以昇華我們，現代科學也認為他可能是對的。[31]研究員發現，暴露在自然光之下（而非人造光）可以讓你體內的生物時鐘與日升日落同步[32]（給自己幾天時間，放下3C設備，甚至關掉人工光源，可能更容易自然入睡）。同理，一些小規模的實驗發現，當我們讓身體接觸大地，例如赤腳在戶外走動——被稱為「接地氣」（earthing）或「接地」（grounding），可以改善健康和心情。如果你想改善心情，走到戶外，脫下鞋子，赤腳接觸大地；可能會有所幫助。[33]

一言以蔽之：開始超驗靈性之旅的方法不少，但無需複雜或深奧；實際上，你應該從簡單與小處開始。花點時間祈禱，讀點書，放下一切，去戶外走走，遠離3C電子設備。總之最重要的是開始行動。

挑戰三：聚焦於他人的快樂而非自己的快樂

當我們踏上靈性成長之路，犯下的最大錯誤是著眼於實現個人的目標。前面討論家庭與友誼的章節裡，點出一個悖論：當我們慷慨地給出愛，反而更能獲得愛。信仰和靈性成長也有類似的悖論。換言之，**不把**追求個人成長視為目標，反而自己才是最大的受益者。

一位藏傳佛教僧侶曾以不傷人的語氣批評美國許多修行佛法的人，[34]稱：「許多美國修行佛法的人認為修行的目的是解決個人的問題，並不明白修行的真正目的是追尋真理，減輕他人的苦難。」更具體地說，在佛教，信眾修行的目標是成為菩薩——達到佛性，超脫生死輪迴的無盡苦難，只不過菩薩犧牲自身的解脫，選擇留在生命輪迴，幫助和啟發其他人覺悟與解脫。

日本禪宗使用公案教導教義，公案就是謎語或謎題，在靜修冥想時用於沈思。其中一個知名的公案是：「雙手互拍會有聲音，一隻手會拍出什麼聲音？」乍看之下，這個問題毫無意義，直到你參究出答案：「幻覺。」一隻手揮動的過程，你只能想像它可能產生什麼樣的拍擊聲，只有與另一隻手互拍才能發出真正的聲音。這問題說明了佛教關於「空」的概念——一個人若沒有與他人交流或建立連結，一切都是空，不具任何意義。若要被愛包圍，你必須愛別人，也被別人所愛。這就是菩薩眾會冥想的原因——不是為了減輕自身的壓力和焦慮，而是悲憫地專注於他人的壓力和焦慮，願眾生能離苦。

這是幾乎所有信仰和傳統背後的神秘真理。奉行神的教義，追尋終極真理，努力讓他人過得比自己更幸福快樂。唯有**如此**，你才會在追求與實現個人靈性成長路上滿載而歸。

這個悖論的精義可參考C．S．路易斯（C.S. Lewis）在其名著《我如何思考基督教》（*Mere Christianity*）中的一段話。他透過對迪克的描述，點出這個悖論。迪克努力追求幸福的生活以及想當個善良的人。「只要迪克不轉向上帝，認為自己的善良是出於他自己，只要他這樣想，善良就不是他自己的。只有當迪克意識到他的善良不屬於自己，而是上帝恩賜的禮物，當他將善良回贈給上帝時——就在這時，善良才真正屬於他自己。直到此時，迪克才開始參與創造自己的命運與人生。我們唯一能保留的東西是我們自願獻給上帝的東西。我們努力替自己保留的東西，恰恰是我們注定要失去的。」[35]

若你能走上超驗之路，你會變得更快樂，但前提是，你的目標不是單單追尋個人的快樂，而是追尋真理以及協助其他人幸福快樂。

下一步

我們無法告訴你應該選擇哪一條超驗之路，但我們可以告訴你，如果你願意踏上超驗之旅，你會過上愈活愈美好的人生。科學研究清楚顯示，形而上的超驗體驗並非迷信或無稽之談，而是能提供你無法在其他地方得到的幸福與快樂。在尋找和展開超驗之旅時，當然會遇到挑戰，我們篩選出其中三個主要挑戰，請發揮管理情緒的技巧，擁抱並接納以下三大心得，你將獲益匪淺。

一，維持靈性生活並不容易，因為我們周圍不斷出現分散我們注意力的刺激。我們必須努力活在當下，同時保持覺察力，經過鍛鍊，我們會愈來愈精進這方面的能力。

二，什麼也不做，一味地等待，然後希冀靈性體驗會自動找上我們，這是不對的，而且可能也不會發生。我們需要付出努力，不斷地練習與精進，就像其他任何一件重要的事情。最重要的是開始行動吧。

三，信仰或靈性修練的焦點不應該以提升自己的靈性為主要目標，儘管這對我們個人有莫大的益處，但靈修動機必須是追尋真理，關愛他人。

不同於前幾章的心得，上述三個心得較難立即付諸實踐，也較難立竿見影。因此在未來的幾個月和幾年，不妨新增第四個做法，以利實踐上述三點：每天抽出固定時間提升靈性或精進哲學思維。例如，每天早上花十五分鐘閱讀智慧文獻、靜坐冥想或是祈禱。如果家裡太吵無法練習，可另外安排時段或地點。一開始，你可能覺得十五分鐘很長，但久了之後，會愈來愈容易，如果能堅持下去，你會想要延長練習的時間。總之，成功的關鍵在於一旦開始，能否堅持下去。每天只需十五分鐘。

打造想要過的生活需要通盤的計畫，在此第二階段的計畫進入尾聲。重點包括關注和管理真正重要的東西——家人、友誼、工作和信仰這四個基本支柱，以及每個支柱相應的主要挑戰。

這八章涵蓋了大量的知識，幾乎橫跨了數千項科學研究。毫無疑問，許多功課和概念讓你大感驚訝。還有許多你已經知道但需要提醒的知識。但這所有可能都是基本的道理。一般來說，幸福課應該過得了「老奶奶測試」（如果老奶奶說「那是胡說八道」，你應該**非常**懷疑）。

現在的挑戰是記住你學到的。對大多數人來說，生活很複雜，容易忘記新想法並回到舊模式。因此，這本書用一種真正可靠的方式畫下句點。建立原則，好能打造你要的人生並且活得更幸福，並將這個原則牢牢刻在心版上的方法，更就是當老師。

歐普拉的話

我自小就愛上學習。也樂於分享學到的新知。在寫下這段文字時，我發現，**直到**與他人分享，知識才算真正地完整。

對我來說，《歐普拉脫口秀》在本質上和教室沒兩樣。我對很多事，從消化系統的複雜性到生命的意義，無不充滿好奇。我有太多想知道的事，有太多的問題想問，有太多的疑惑等著被解，我認為其他人也同樣充滿好奇和疑問，所以我邀請嘉賓擔任我們的老師。當然，觀眾中不乏臥虎藏龍，同樣可在節目中分享他們的智慧。多年下來，參加節目錄影的人不計其數，分享了海量的知識和見解。

因為樂於分享知識，所以我成立了讀書俱樂部。對我而言，極具價值與意義的小說和回憶錄，能打開我的視野，讓我看到更深層次的真理與不一樣的體驗，或是能把重要的想法變得更清晰具體。而我並不是一個藏私的人，不會把這些真理、經歷和思想都保留給自己！即使我讀著一本很喜歡的書，我還是會一邊想像和其他人討論此書的畫面，這只會讓我更開心。

事實上，我一直覺得自己的使命是成為一位教師，我這麼說並不是出於傲慢。我認為，教師不是無所不知的人，其實他們只是分享自己所學所聞的人。

我曾到南非自己創辦的女校授課，以及擔任工作坊的教師，不過我主要的角色是導師（其實，不僅僅是導師，也是學生。在建校的過程中，我學到許多難得且寶貴的教訓，多到可以寫一本書細數，更不用說這些女孩對我的教導與影響。到目前為止，女學生的數量之多——已經有數百人——進一步強調了我之前提到的悖論「不黏的黏」。對於這麼多背景、能力、夢想和渴望各異的女孩，學校不可能對她們未來的具體發展有過多的期待。我的工作是為她們打開大門、創造機會；至於穿過大門後的發展，則由她們自己決定）。

當我在指導「我的女孩」時，我喜歡強調，人生的成就不僅僅是擁有正確的答案，更重要的是提出有意義的問題：對我來說，過得好的意義是什麼？不是按照別人的模式，那麼我應該怎麼做？什麼才是真正值得我奮力追求的？我能給出什麼？我能如何服務他人？我可以從自身的經歷中（尤其是最煎熬的經歷中）學到什麼教訓？我該如何善用我在這個世界上有限的時間？

這些正是亞瑟．布魯克斯在本書探討的問題，出現在這裡絕非巧合。它們觸及了何謂愈活愈幸福這個核心問題。它們點出幸福是積極行動的動態過程，是持續成長與進步，絕非靜止的狀態。此外，它們凸顯了這個過程中最重要的部分：你的行動力。這些問題點出，掌握你的快樂之鑰——也就是**愈活愈幸福**的鑰匙，永遠是你自己。

我在這本書處處看到了自己。我猜你也看到了自己的影子。不僅是一路走來的你，還看到會變得愈來愈幸福的你。當我遵循亞瑟提出的原則與做法，我變得愈來愈幸福。事實上，我也真的玩得很開心——「玩」這個詞以前並不存在於我人生的字典裡，因為過去我太專注於工作。現在，我旅行、冒險、對各種新體驗「來者不拒」——完全是因為我想要，而不是因為出於義務非做不可。我已經多次驗證，當我們樂於分享，幸福會倍增。我希望這本書能激勵你開始分享。

學了以後，輪到你當老師了；得到以後，輪到你付出了。

——馬雅．安哲羅（Maya Angelou）

結語 現在，輪到你當老師了

你翻開這本書是為了打造更幸福的人生，讀到這裡，你吸收了不少關於如何愈活愈幸福的觀念。要將這些觀念付諸實踐，必須牢記它們。不妨試試這個做法：把你所學的東西，對著玩具公仔說一遍。

好吧，你可能需要我進一步解釋。世上有一種學習技巧，名為「玩具公仔學習法」（plastic platypus learning），就是對著玩具或公仔等任何沒有生命的東西解釋你學到的東西，這些對象可能是塑膠鴨嘴獸、小鴨公仔或是保齡球，總之對象不是重點。研究顯示，如果你能夠連貫而流暢地解釋某件事，就能吸收與記住和它相關的訊息。理由很簡單，其實你也知道原因——後設認知能力。你需要運用**後設認知**（亦即使用你的前額葉皮質），才能夠理解和運用所學的資訊。要做到這一點，最佳方式莫過於清楚地解釋這些資訊。

然而，相較於鴨嘴獸公仔，若能找到真人作為「教課」對象更好。大量研究顯示，藉由教而學，是深入學習某個主題的最靠譜辦法。率先證明這一點的是法國知名語言教師尚—波爾．

馬丁（Jean-Pol Martin），他讓學生相互指導，成功讓學生學會外語。[1]後續研究透過實驗證明這個做法確實有效，研究員讓其中一組學生自學，另一組學生須向他人解釋講義的內容[2]（兩組的學習時間相同）。結果發現，第二組學生（學生須充當老師）成功理解並記住講義的內容，學習成效優於第一組。

教導他人如何過得更快樂，不光是為了讓自己進一步理解並牢記相關的概念。在世界各地，特別是美國，快樂過活的人愈來愈少，所以我們需要戰士站出來，幫助備受折磨卻無法解脫的數百萬民眾。至今仍然有許多人相信，只要生活存在痛苦，人生就毫無希望。看看自己周遭是否有陷入這種困境的人。讓自己成為他們的希望。

你可能會問：「我自己都還在學習與進步，如何能幫助別人打造她想要過的美好生活？」這**正是**你會成為最成功老師的時候與原因所在。要協助他人愈活愈幸福快樂，最優秀的老師是那些必須付出努力、經過磨礪才獲得幸福智慧的人，不是運氣好，每天一睜眼心情就大好的人。這些天天開心的少數幸運兒，就像社群平台Instagram的健身達人，有天賜的絕佳基因，怎麼吃也不會胖。但是對於我們大多數的其他人而言，這些天生快樂的人根本不了解我們面臨的挑戰是什麼，遑論指導我們。

不要隱藏自己的痛苦與掙扎。利用這些經歷幫助其他人明白，他們並不孤單，而且是有可能過得愈來愈幸福。你遭遇的痛苦能提升你的公信力，你的進步讓你成為激勵人心的榜樣。與他人分享可以加速進步的速度，讓你以及接受你指導的對方都是贏家，成就雙贏的完美成果。

愈老愈有智慧也愈開心

教導他人過得幸福，也是愈活愈幸福的最佳攻略。對於許多中年人而言，最大的痛苦之一是未來日子還很長（還有多年好活），但能力多多少少在走下坡。這一點對於投入龐大心力精進專業技能的人來說，更是一針見血。

如果你覺得在中年或中年之後，失去了競爭優勢，或是有點筋疲力盡，這都是正常現象。長期以來，諸多研究指出，像是分析和創新等技能，往往在年輕時突飛猛進，然後在三四十歲時開始下降。這些能力被歸類為流體智力（fluid intelligence）。年輕時流體智力處於高峰，讓你的工作表現出色，得心應手。當流體智力隨年紀下降時，你會真切地感覺到，而且發生的時間通常比預期的還早。[3]

另一種智力則隨年紀而增加，稱為晶體智力（crystallized intelligence），晶體智力擅長整合複雜的觀念、理解複雜的含義、找出其中的模式，並將所學傳授給其他人。這種智力隨年紀而上升，在中年持續增加，並且直到老年都還能維持在高峰。如果你已經五十多歲，發現自己在辨識模式以及向他人解釋觀念時，比過去表現更為出色，果然薑是老的辣，那是拜晶體智力之賜。

針對流體智力和晶體智力的研究顯示，人應該根據人生的不同階段，扮演不同的角色，讓角色與相應的智力類型相輔相成。儘管角色應隨著時間推移有所轉換，但年紀漸長後，無論是什麼角色，多少都應該朝教導和指導他人發展，畢竟這是你天生會愈來愈厲害的優勢。也許這意味你應轉換工作或職涯跑道，或是改變你現職的工作重心。我們經常看到，那些暫時離開職場回家照顧孩子的人，等孩子長大後重回職場，但扮演的角色已不同於多年前的原職。

這建議不光是針對工作角色。在此順帶一提，生活中，隨著年紀漸長，若我們能善用經驗累積而來的智慧，會過得更好也更開心。大家為什麼喜歡做祖父母？除了只須負責含飴弄孫，晚上可送他們回家，由他們爸媽照顧！另外一個原因則是可發揮晶體智力。祖父母靠著他們多年累積的經驗和智慧，往往不會為小事煩心抓狂，讓生活變得更輕鬆有趣。

因此讓我們重溫學而教之這一個重點。隨著年齡漸長，成為協助他人幸福快樂的導師，對你而言，這角色會愈來愈自然以及駕輕就熟。年紀愈大，對於幸福的理解與感受愈加真實，沈澱後成了真正屬於你的智慧與財富，其他人自然而然會靠近你，向你學習與借鏡。

最核心的基礎

當你閱讀本書時，可能會注意到一個主題貫穿其中：幫助你打造想要過的生活，所提及的每個實踐方法都與一個核心要素有關。

愛

踏上愈活愈幸福之旅，精進管理情緒的技能，表示你夠愛自己，願意為自己付出努力與心血。支撐幸福人生的支柱也都與愛相關：愛你的家人；愛你的朋友；透過傑出的工作表現，讓你的愛被看見；以及藉由超驗的靈性之旅，展現你對神的愛。將你所學傳授給他人，也是一種大愛的行為表現。

和快樂一樣，愛並非一種感受。馬丁·路德·金恩博士在一九五七年說道：「愛並不是大家掛在嘴邊的感性東西。它不僅僅是一種情緒。它意味創造，意味對所有人的善意與理解。」[4]愛是一種承諾，是一種展現意志和紀律的行為。愛，就像愈活愈幸福，須透過實踐才能愈來愈精進的行為。透過反覆練習，會愈來愈自然。時間久了，會養成習慣。當愛成為習慣，其他一切自然水到渠成。

每天睜眼就對自己說：「我不知道今天會發生什麼，但我會愛人，也允許自己被愛。」無論你碰到什麼情況而猶豫不決時——可能是要事，比如是否接受新的工作，可能是芝麻綠豆的小事，比如開車時讓道給某人超車，不妨反問自己：「現在最有愛的做法是什麼？」仰賴你在本書所獲得的知識，相信你永遠不會走錯路。

當然你並非鐵石心腸的機器人。即使你承諾要有效管理自己的情緒，努力鞏固家庭、友誼、工作和信仰這四大支柱，但有時候還是會覺得愛遙不可及。你會對某人不善；你會讓情緒左右你；你可能會沮喪得想豎起白旗投降。這都是自然而然的反應。精進的關鍵不在於做到一百分，而是願意再次開始行動，一次又一次，持續不間斷。每一天都是新的一天，新的機會，別放棄，再次拿起斧頭努力耕耘吧。只須提醒自己，你想要打造的快樂人生是建立在愛的基礎上，不管遇到什麼難關，都可以重新開始。

我和歐普拉在各自的人生路上追尋同一個目標。我們共同參與了這本書——在愛的基礎上打造愈活愈快樂的人生。這個相同的目標將我們凝聚在一起，成為合作夥伴關係的基礎，也是寫作本書的動力。

請大家放心，我們與各位並肩同行。希望你在自己的旅途中一切順利，我們也懇請你為我們祝福。大家相互支持打氣，我們可以幫助彼此打造我們想要的生活與人生。透過攜手共同努力，或許我們還能一起打造我們希冀的美好世界。

若需要更多相關訊息，請參考：www.arthurbrooks.com/build.

謝辭

我們很開心合作這本書。然而我們並不是窩在歐普拉的家，閉門造車急就章完成文稿。這是靠其他許多人慷慨貢獻想法、努力幫忙與大力支持，才讓此書順利出版。

我們感謝Rena Rudavsky、Reece Brown和Bryce Fuemmeler組成的研究小組，他們閱讀了數以千計的參考資料，並逐一核實。哈佛大學教授Joshua Greene負責審查本書與神經科學相關的內容，並提供反饋意見。歐普拉感謝Deborah Way，謝謝她幫助找出適當表達幸福快樂的單字和用語。此外，Tara Montgomery、Candice Gayl與Bob Greene提供我們重要的意見，讓這本書保持在正軌上，不受兵荒馬亂的時間表影響。Nicole Nichols、Chelsea Hettrick和Nicole Marostica負責溝通，確保大家在狀況內，熟悉這個專案計畫。如果沒有Harpo和ACB Ideas諸多同事的協助，尤其是Rachel Ayerst Manfredi、Molly Glaeser、Olivia Ladner、Joanna Moss、Samantha Ray和Mary Riner等人的支持，一切都只是紙上談兵，無法從無到有。

感謝Portfolio的編輯Bria Sandford；創意藝術家經紀公司（Creative Artists Agency）的文學經

紀人Anthony Mattero；以及我們的法律代表Marc Chamlin和Ken Weinrib。感謝他們自始至終的鼓勵與指導。

亞瑟感謝哈佛大學甘迺迪學院以及商學院的領導階層與同事，感謝他們提供支持性和創造性的學術環境，讓這項計畫得以圓滿與茁壯。選修哈佛商學院「領導力與幸福課程」的企業管理碩士班學生，以及哈佛甘迺迪學院「領導力與幸福實驗室」的參與者和支持者，莫不提供振奮人心的學習心得，提醒我們，幸福與快樂可以愈來愈多，也可以和他人分享。亞瑟也感謝《大西洋》雜誌，本書的許多想法和一些段落，一開始出現在大西洋雜誌的《如何打造人生》專欄。特別感謝Jeff Goldberg、Rachel Gutman-Wei、Julie Beck和Ena Alvarado-Esteller，每週的專欄之所以成功問世，他們是最大功臣。亞瑟的研究得到Dan D，Aniello、Ravenel Curry、Tully Friedman、Cindy和Chris Galvin以及Eric Schmidt的慷慨支持。

本書明確指出，家庭是打造快樂人生的支柱之一，無論順境或逆境，家人都是我們所依賴的紐帶。如果沒有家人的愛和支持，有關如何愈活愈幸福的建議，完全是空談。對亞瑟來說，首要感謝妻子兼精神導師艾絲特；還有家人Joaquim、Carlos、Marina，Jessica、Caitlin。至於歐普拉，她感謝所有愛護她的人士，感謝你們每一個人，讓我每天愈活愈開心。

註釋

前言：阿賓娜的幸福秘密

本章係根據真人真事，除非另有說明，否則名字皆屬虛構，並更改了一些細節，保護被引述對象的匿名性。

1. Michael Davern, Rene Bautista, Jeremy Freese, Stephen L. Morgan, and Tom W. Smith, General Social Surveys, 1972–2021 Cross-section, NORC, University of Chicago, gssdataexplorer.norc.org.
2. Renee D. Goodwin, Lisa C. Dierker, Melody Wu, Sandro Galea, Christina W. Hoven, and Andrea H. Weinberger, "Trends in US Depression Prevalence from 2015 to 2020: The Widening Treatment Gap," *American Journal of Preventive Medicine* 63, no. 5 (2022): 726–33.
3. Davern et al., General Social Surveys, 1972–2021 Cross-section.
4. *Global Happiness Study: What Makes People Happy around the World*, Ipsos Global Advisor, August 2019.

第一章　快樂不是目標，不快樂不是敵人

本章改編並摘錄以下文章的觀點與段落：

Arthur C. Brooks, "Sit with Negative Emotions, Don't Push Them Away," How to Build a Life, *The Atlantic*, June 18, 2020; Arthur C. Brooks, "Measuring Your Happiness Can Help Improve It," How to Build a Life, *The Atlantic*, December 3, 2020; Arthur C. Brooks, "There Are Two Kinds of Happy People," How to Build a Life, *The Atlantic*, January 28, 2021; Arthur C. Brooks, "Different Cultures Define Happiness Differently," How to Build a Life, *The Atlantic*, July 15, 2021; Arthur C. Brooks, "The Meaning of Life Is Surprisingly Simple," How to Build a Life, *The Atlantic*, October 21, 2021; Arthur C. Brooks, "The Problem with 'No Regrets,'" How to Build a Life, *The Atlantic*, February 3, 2022; Arthur C. Brooks, "How to Want Less," How to Build a Life, *The Atlantic*, February 8, 2022; Arthur C. Brooks, "Choose Enjoyment over Pleasure," How to Build a Life, *The Atlantic*, March 24, 2022; Arthur C.

Brooks, "What the Second-Happiest People Get Right," How to Build a Life, *The Atlantic*, March 31, 2022; Arthur C. Brooks, "How to Stop Freaking Out," How to Build a Life, *The Atlantic*, April 28, 2022; Arthur C. Brooks, "A Happiness Columnist's Three Biggest Happiness Rules," How to Build a Life, *The Atlantic*, July 21, 2022; Arthur C. Brooks, "America Is Pursuing Happiness in All the Wrong Places," *The Atlantic*, November 16, 2022.

1. Jeffrey Zaslow, "A Beloved Professor Delivers the Lecture of a Lifetime," *Wall Street Journal*, September 20, 2007.
2. Saint Augustine, *The City of God*, book XI, ed. and trans. Marcus Dods (Edinburgh: T. & T. Clark, 1871), chapter 26, published online by Project Gutenberg.
3. E. E. Hewitt, "Sunshine in the Soul," Hymnary.org.
4. Yukiko Uchida and Yuji Ogihara, "Personal or Interpersonal Construal of Happiness: A Cultural Psychological Perspective," *International Journal of Wellbeing* 2, no. 4 (2012): 354–369.
5. Shigehiro Oishi, Jesse Graham, Selin Kesebir, and Iolanda Costa Galinha, "Concepts of Happiness across Time and Cultures," *Personality and Social Psychology Bulletin* 39, no. 5 (2013): 559–77.
6. Dictionary.com, s.v. "happiness," www.dictionary.com/browse/happiness.
7. Anna J. Clark, *Divine Qualities: Cult and Community in Republican Rome* (Oxford, UK: Oxford University Press, 2007).
8. Anna Altman, "The Year of Hygge, the Danish Obsession with Getting Cozy," *New Yorker*, December 18, 2016.
9. Philip Brickman and Donald T. Campbell, "Hedonic Relativism and Planning the Good Society," in *Adaptation Level Theory*, ed. M. H. Appley (New York: Academic Press, 1971): 287–301.
10. Viktor E. Frankl, *Man's Search for Meaning* (Boston: Beacon Press, 1946), xvii.
11. Catherine J. Norris, Jackie Gollan, Gary G. Berntson, and John T. Cacioppo, "The Current Status of Research on the Structure of Evaluative Space," *Biological Psychology* 84, no. 3 (2010): 422–36.
12. Jordi Quoidbach, June Gruber, Moïra Mikolajczak, Alexsandr Kogan, Ilios Kotsou, and Michael I. Norton, "Emodiversity and the Emotional Ecosystem," *Journal of Experimental Psychology: General* 143, no. 6 (2014): 2057–66.
13. Richard J. Davidson, Alexander J. Shackman, and Jeffrey S. Maxwell, "Asymmetries in Face and Brain Related to Emotion," *Trends in Cognitive Sciences* 8, no. 9 (2004): 389–91.
14. Debra Trampe, Jordi Quoidbach, and Maxime Taquet, "Emotions in Everyday Life," *PLoS One* 10, no. 12 (2015): e0145450.
15. Daniel Kahneman, Alan B. Krueger, David A. Schkade, Norbert Schwarz, and Arthur A. Stone, "A Survey Method for Characterizing Daily Life Experience: The Day Reconstruction Method," *Science* 306, no. 5702 (2004): 1776–80.

16. David Watson, Lee Anna Clark, and Auke Tellegen, "Development and Validation of Brief Measures of Positive and Negative Affect: The PANAS Scales," *Journal of Personality and Social Psychology* 54, no. 6 (1988): 1063–70. 讀者可至以下網址做測驗：www .authentichappiness.sas.upenn.edu/testcenter.

17. 平均值的原始研究引用自Watson, Clark, and Tellegen (1988).

18. Kristen A. Lindquist, Ajay B. Satpute, Tor D. Wager, Jochen Weber, and Lisa Feldman Barrett, "The Brain Basis of Positive and Negative Affect: Evidence from a Meta-analysis of the Human Neuroimaging Literature," *Cerebral Cortex* 26, no. 5 (2016): 1910–22.

19. Paul Rozin and Edward B. Royzman, "Negativity Bias, Negativity Dominance, and Contagion," *Personality and Social Psychology Review* 5, no. 4 (2001): 296–320.

20. Emmy Gut, "Productive and Unproductive Depression: Interference in the Adaptive Function of the Basic Depressed Response," *British Journal of Psychotherapy* 2, no. 2 (1985): 95–113.

21. Neal J. Roese, Kai Epstude, Florian Fessel, Mike Morrison, Rachel Smallman, Amy Summerville, Adam D. Galinsky, and Suzanne Segerstrom, "Repetitive Regret, Depression, and Anxiety: Findings from a Nationally Representative Survey," *Journal of Social and Clinical Psychology* 28, no. 6 (2009): 671–88.

22. Melanie Greenberg, "The Psychology of Regret: Should We Really Aim to Live Our Lives with No Regrets?" *Psychology Today*, May 16, 2012.

23. Daniel H. Pink, *The Power of Regret*: How Looking Backward Moves Us Forward (New York: Penguin, 2022). 這句話來自作者的電子郵件。

24. John Keats, *The Letters of John Keats to His Family and Friends*, ed. Sidney Colvin (London: Macmillan and Co., 1925), published online by Project Gutenberg.

25. Karol Jan Borowiecki, "How Are You, My Dearest Mozart? Well-being and Creativity of Three Famous Composers Based on Their Letters," *Review of Economics and Statistics* 99, no. 4 (2017): 591–605.

26. Paul W. Andrews and J. Anderson Thomson Jr., "The Bright Side of Being Blue: Depression as an Adaptation for Analyzing Complex Problems," *Psychological Review* 116, no. 3 (2009): 620–54.

27. Shigehiro Oishi, Ed Diener, and Richard E. Lucas, "The Optimum Level of Well-being: Can People Be Too Happy?" in *The Science of Well-Being: The Collected Works of Ed Diener*, ed. Ed Diener (Heidelberg, London, and New York: Springer Dordrecht, 2009): 175–200.

28. June Gruber, Iris B. Mauss, and Maya Tamir, "A Dark Side of Happiness? How, When, and Why Happiness Is Not Always Good,"

Perspectives on Psychological Science 6, no. 3 (2011): 222–33.

第二章：後設認知的力量

本章改編並摘錄以下文章的觀點與段落：

Arthur C. Brooks, “When You Can’t Change the World, Change Your Feelings,” How to Build a Life, *The Atlantic*, December 2, 2021; Arthur C. Brooks, “How to Stop Freaking Out,” How to Build a Life, The Atlantic, April 28, 2022; Arthur C. Brooks, “How to Make the Baggage of Your Past Easier to Carry,” How to Build a Life, *The Atlantic*, June 16, 2022.

1. “Viktor Emil Frankl,” Viktor Frankl Institut, www.viktorfrankl.org/biography.html.
2. Antonio Semerari, Antonino Carcione, Giancarlo Dimaggio, Maurizio Falcone, Giuseppe Nicolò, Michele Procacci, and Giorgio Alleva, “How to Evaluate Metacognitive Functioning in Psychotherapy? The Metacognition Assessment Scale and Its Applications,” *Clinical Psychology & Psychotherapy* 10, no. 4 (2003): 238–61.
3. Paul D. MacLean, T. J. Boag, and D. Campbell, *A Triune Concept of the Brain and Behaviour: Hincks Memorial Lectures* (Toronto: University of Toronto Press, 1973).
4. Patrick R. Steffen, Dawson Hedges, and Rebekka Matheson, “The Brain Is Adaptive Not Triune: How the Brain Responds to Threat, Challenge, and Change,” *Frontiers in Psychiatry* 13 (2022).
5. Trevor Huff, Navid Mahabadi, and Prasanna Tadi, “Neuroanatomy, Visual Cortex,” StatPearls (2022).
6. Joseph LeDoux and Nathaniel D. Daw, “Surviving Threats: Neural Circuit and Computational Implications of a New Taxonomy of Defensive Behaviour,” *Nature Reviews Neuroscience* 19, no. 5 (2018): 269–82; “Understanding the Stress Response,” Harvard Health Publishing, July 6, 2020; Sean M. Smith and Wylie W. Vale, “The Role of the Hypothalamic-Pituitary-Adrenal Axis in Neuroendocrine Responses to Stress,” *Dialogues in Clinical Neuroscience* 8, no. 4 (2006): 383–95.
7. LeDoux and Daw, “Surviving Threats.”
8. Carroll E. Izard, “Emotion Theory and Research: Highlights, Unanswered Questions, and Emerging Issues,” *Annual Review of Psychology* 60 (2009): 1–25.
9. APA Dictionary of Psychology, s.v. “joy,” American Psychological Association, accessed December 2, 2022, www.dictionary.apa.org/joy.
10. “From Thomas Jefferson to Thomas Jefferson Smith, 21 February 1825,” Founders Online.

11. Jeffrey M. Osgood and Mark Muraven, "Does Counting to Ten Increase or Decrease Aggression? The Role of State Self-Control (Ego-Depletion) and Consequences," *Journal of Applied Social Psychology* 46, no. 2 (2016): 105–13.
12. Boethius, *The Consolation of Philosophy*, trans. H. R. James (London: Elliot Stock, 1897), published online by Project Gutenberg.
13. Amy Loughman, "Ancient Stress Response vs Modern Life," Mind Body Microbiome, January 9, 2020.
14. Jeremy Sutton, "Maladaptive Coping: 15 Examples & How to Break the Cycle," PositivePsychology.com, October 28, 2020.
15. Philip Phillips, "Boethius," Oxford Bibliographies, last modified March 30, 2017.
16. Boethius, *Consolation of Philosophy*.
17. Ralph Waldo Emerson, "Self-Reliance," in *Essays: First Series* (Boston: J. Munroe and Company, 1841).
18. Daniel L. Schacter, Donna Rose Addis, and Randy L. Buckner, "Remembering the Past to Imagine the Future: The Prospective Brain," *Nature Reviews Neuroscience* 8, no. 9 (2007): 657–61.
19. Marcus Raichle, "The Brain's Default Mode Network," *Annual Review of Neuroscience* 38 (2015): 433–47.
20. Ulric Neisser and Nicole Harsch, "Phantom Flashbulbs: False Recollections of Hearing the News about Challenger," in *Affect and Accuracy in Recall: Studies of "Flashbulb" Memories*, ed. E. Winograd and U. Neisser (Cambridge, UK: Cambridge University Press, 1992).
21. Melissa Fay Greene, "You Won't Remember the Pandemic the Way You Think You Will," *The Atlantic*, May 2021; Alisha C. Holland and Elizabeth A. Kensinger, "Emotion and Autobiographical Memory," *Physics of Life Reviews* 7, no. 1 (2010): 88–131.
22. Linda J. Levine and David A. Pizarro, "Emotion and Memory Research: A Grumpy Overview," *Social Cognition* 22, no. 5 (2004): 530–54.
23. "Maha-satipatthana Sutta: The Great Frames of Reference," trans. Thanissaro Bhikkhu, Access to Insight, 2000.
24. James W. Pennebaker, *Opening Up: The Healing Power of Expressing Emotions* (New York: Guilford Press, 2012).
25. Dorit Alt and Nirit Raichel, "Reflective Journaling and Metacognitive Awareness: Insights from a Longitudinal Study in Higher Education," *Reflective Practice* 21, no. 2 (2020): 145–58.
26. Seth J. Gillihan, Jennifer Kessler, and Martha J. Farah, "Memories Affect Mood: Evidence from Covert Experimental Assignment to Positive, Neutral, and Negative Memory Recall," *Acta Psychologica* 125, no. 2 (2007): 144–54.
27. Nic M. Westrate and Judith Glück, "Hard-Earned Wisdom: Exploratory Processing of Difficult Life Experience Is Positively Associated with Wisdom," *Developmental Psychology* 53, no. 4 (2017): 800–14.

第三章　選擇比較好的情緒狀態

本章改編並摘錄以下文章的觀點與段落：

Arthur C. Brooks, “Don’t Wish for Happiness. Work for It,” How to Build a Life, *The Atlantic*, April 22, 2021; Arthur C. Brooks, “The Link between Happiness and a Sense of Humor,” How to Build a Life, *The Atlantic*, August 12, 2021; Arthur C. Brooks, “The Difference between Hope and Optimism,” How to Build a Life, *The Atlantic*, September 23, 2021; Arthur C. Brooks, “How to Be Thankful When You Don’t Feel Thankful,” How to Build a Life, *The Atlantic*, November 24, 2021; Arthur C. Brooks, “How to Stop Dating People Who Are Wrong for You,” How to Build a Life, *The Atlantic*, June 23, 2022.

1. Diane C. Mitchell, Carol A. Knight, Jon Hockenberry, Robyn Teplansky, and Terryl J. Hartman, “Beverage Caffeine Intakes in the US,” *Food and Chemical Toxicology* 63 (2014): 136–42.
2. Brian Fiani, Lawrence Zhu, Brian L. Musch, Sean Briceno, Ross Andel, Nasreen Sadeq, and Ali Z. Ansari, “The Neurophysiology of Caffeine as a Central Nervous System Stimulant and the Resultant Effects on Cognitive Function,” *Cureus* 13, no. 5 (2021): e15032; Thomas V. Dunwiddie and Susan A. Masino, “The Role and Regulation of Adenosine in the Central Nervous System,” *Annual Review of Neuroscience* 24, no. 1 (2001): 31–55; Leeana Aarthi Bagwath Persad, “Energy Drinks and the Neurophysiological Impact of Caffeine,” *Frontiers in Neuroscience* 5 (2011): 116.
3. Paul Rozin and Edward B. Royzman, “Negativity Bias, Negativity Dominance, and Contagion,” *Personality and Social Psychology Review* 5, no. 4 (2001): 296–320.
4. Charlotte vanOyen Witvliet, Fallon J. Richie, Lindsey M. Root Luna, and Daryl R. Van Tongeren, “Gratitude Predicts Hope and Happiness: A Two-Study Assessment of Traits and States,” *Journal of Positive Psychology* 14, no. 3 (2019): 271–82.
5. Glenn R. Fox, Jonas Kaplan, Hanna Damasio, and Antonio Damasio, “Neural Correlates of Gratitude,” *Frontiers in Psychology* 6 (2015): 1491; Kent C. Berridge and Morten L. Kringelbach, “Pleasure Systems in the Brain,” *Neuron* 86, no. 3 (2015): 646–64.
6. Jane Taylor Wilson, “Brightening the Mind: The Impact of Practicing Gratitude on Focus and Resilience in Learning,” *Journal of the Scholarship of Teaching and Learning* 16, no. 4 (2016): 1–13; Nathaniel M. Lambert and Frank D. Fincham, “Expressing Gratitude to a Partner Leads to More Relationship Maintenance Behavior,” *Emotion* 11, no. 1 (2011): 52–60; Sara B. Algoe, Barbara L. Fredrickson, and Shelly L. Gable, “The Social Functions of the Emotion of Gratitude Via Expression,” *Emotion* 13, no. 4 (2013): 605–9; Maggie Stoeckel, Carol Weissbrod, and Anthony Ahrens, “The Adolescent Response to Parental Illness: The Influence of Dispositional Gratitude,” *Journal of Child and Family Studies* 24, no. 5 (2014): 1501–9.

7. Anna L. Boggiss, Nathan S. Consedine, Jennifer M. Brenton-Peters, Paul L. Hofman, and Anna S. Serlachius, "A Systematic Review of Gratitude Interventions: Effects on Physical Health and Health Behaviors," *Journal of Psychosomatic Research* 135 (2020): 110165; Megan M. Fritz, Christina N. Armenta, Lisa C. Walsh, and Sonja Lyubomirsky, "Gratitude Facilitates Healthy Eating Behavior in Adolescents and Young Adults," *Journal of Experimental Social Psychology* 81 (2019): 4–14.
8. M. Tullius Cicero, *The Orations of Marcus Tullius Cicero*, trans. C. D. Yonge (London: George Bell & Sons, 1891).
9. David DeSteno, Monica Y. Bartlett, Jolie Baumann, Lisa A. Williams, and Leah Dickens, "Gratitude as Moral Sentiment: Emotion-Guided Cooperation in Economic Exchange," *Emotion* 10, no. 2 (2010): 289–93; David DeSteno, Ye Li, Leah Dickens, and Jennifer S. Lerner, "Gratitude: A Tool for Reducing Economic Impatience," *Psychological Science* 25, no. 6 (2014): 1262–7; Jo-Ann Tsang, Thomas P. Carpenter, James A. Roberts, Michael B. Frisch, and Robert D. Carlisle, "Why Are Materialists Less Happy? The Role of Gratitude and Need Satisfaction in the Relationship between Materialism and Life Satisfaction," *Personality and Individual Differences* 64 (2014): 62–6.
10. Nathaniel M. Lambert, Frank D. Fincham, and Tyler F. Stillman, "Gratitude and Depressive Symptoms: The Role of Positive Reframing and Positive Emotion," *Cognition & Emotion* 26, no. 4 (2012): 615–33.
11. Kristin Layous and Sonja Lyubomirsky, "Benefits, Mechanisms, and New Directions for Teaching Gratitude to Children," *School Psychology Review* 43, no. 2 (2014): 153–9.
12. Nathaniel M. Lambert, Frank D. Fincham, Scott R. Braithwaite, Steven M. Graham, and Steven R. H. Beach, "Can Prayer Increase Gratitude?" *Psychology of Religion and Spirituality* 1, no. 3 (2009): 139–49.
13. Araceli Frias, Philip C. Watkins, Amy C. Webber, and Jeffrey J. Froh, "Death and Gratitude: Death Reflection Enhances Gratitude," *Journal of Positive Psychology* 6, no. 2 (2011): 154–62.
14. Ru H. Dai, Hsueh-Chih Chen, Yu C. Chan, Ching-Lin Wu, Ping Li, Shu L. Cho, and Jon-Fan Hu, "To Resolve or Not to Resolve, That Is the Question: The Dual-Path Model of Incongruity Resolution and Absurd Verbal Humor by fMRI," *Frontiers in Psychology* 8 (2017): 498; Takeshi Satow, Keiko Usui, Masao Matsuhashi, J. Yamamoto, Tahamina Begum, Hiroshi Shibasaki, A. Ikeda, N. Mikuni, S. Miyamoto, and Naoya Hashimoto, "Mirth and Laughter Arising from Human Temporal Cortex," *Journal of Neurology, Neurosurgery & Psychiatry* 74, no. 7 (2003): 1004–5.
15. E. B. White and Katherine S. White, eds., *A Subtreasury of American Humor* (New York: Coward-McCann, 1941).
16. Mimi M. Y. Tse, Anna P. K. Lo, Tracy L. Y. Cheng, Eva K. K. Chan, Annie H. Y. Chan, and Helena S. W. Chung, "Humor Therapy: Relieving Chronic Pain and Enhancing Happiness for Older Adults," *Journal of Aging Research* 2010 (2010): 343574.
17. Kim R. Edwards and Rod A. Martin, "Humor Creation Ability and Mental Health: Are Funny People More Psychologically

Healthy?" *Europe's Journal of Psychology* 6, no. 3 (2010): 196–212.
18. Victoria Ando, Gordon Claridge, and Ken Clark, "Psychotic Traits in Comedians," *British Journal of Psychiatry* 204, no. 5 (2014): 341–5.
19. Giovanni Boccaccio, *The Decameron of Giovanni Boccaccio*, trans. John Payne (New York: Walter J. Black), published online by Project Gutenberg.
20. John Morreall, "Religious Faith, Militarism, and Humorlessness," *Europe's Journal of Psychology* 1, no. 3 (2005).
21. Ori Amir and Irving Biederman, "The Neural Correlates of Humor Creativity," *Frontiers in Human Neuroscience* 10 (2016): 597; Alan Feingold and Ronald Mazzella, "Psychometric Intelligence and Verbal Humor Ability," *Personality and Individual Differences* 12, no. 5 (1991): 427–35.
22. Edwards and Martin, "Humor Creation Ability."
23. David Hecht, "The Neural Basis of Optimism and Pessimism," *Experimental Neurobiology* 22, no. 3 (2013): 173–99.
24. 研究員發現，樂觀情緒可能更會扭曲現實。Hecht, "Neural Basis of Optimism and Pessimism."
25. Jim Collins, *Good to Great: Why Some Companies Make the Leap . . . and Others Don't* (New York: HarperBusiness, 2001), 85.
26. Fred B. Bryant and Jamie A. Cvengros, "Distinguishing Hope and Optimism: Two Sides of a Coin, or Two Separate Coins?" *Journal of Social and Clinical Psychology* 23, no. 2 (2004): 273–302.
27. Anthony Scioli, Christine M. Chamberlin, Cindi M. Samor, Anne B. Lapointe, Tamara L. Campbell, Alex R. Macleod, and Jennifer McLenon, "A Prospective Study of Hope, Optimism, and Health," *Psychological Reports* 81, no. 3 (1997): 723–33.
28. Rebecca J. Reichard, James B. Avey, Shane Lopez, and Maren Doll-wet, "Having the Will and Finding the Way: A Review and Meta-analysis of Hope at Work," *Journal of Positive Psychology* 8, no. 4 (2013): 292–304.
29. Liz Day, Katie Hanson, John Maltby, Carmel Proctor, and Alex Wood, "Hope Uniquely Predicts Objective Academic Achievement above Intelligence, Personality, and Previous Academic Achievement," *Journal of Research in Personality* 44, no. 4 (2010): 550–3.
30. Stephen L. Stern, Rahul Dhanda, and Helen P. Hazuda, "Hopelessness Predicts Mortality in Older Mexican and European Americans," *Psychosomatic Medicine* 63, no. 3 (2001): 344–51.
31. Miriam A. Mosing, Brendan P. Zietsch, Sri N. Shekar, Margaret J. Wright, and Nicholas G. Martin, "Genetic and Environmental Influences on Optimism and Its Relationship to Mental and Self-Rated Health: A Study of Aging Twins," *Behavior Genetics* 39, no. 6 (2009): 597–604.
32. Dictionary.com, s.v. "empath," www.dictionary.com/browse/empath.

33. Psychiatric Medical Care Communications Team, "The Difference between Empathy and Sympathy," Psychiatric Medical Care.
34. Dana Brown, "The New Science of Empathy and Empaths (drjudith orloff.com)," *PACEsConnection* (blog), January 4, 2018; Ryszard Praszkier, "Empathy, Mirror Neurons and SYNC," *Mind & Society* 15, no. 1 (2016): 1–25.
35. Camille Fauchon, I. Faillenot, A. M. Perrin, C. Borg, Vincent Pichot, Florian Chouchou, Luis Garcia-Larrea, and Roland Peyron, "Does an Observer's Empathy Influence My Pain? Effect of Perceived Empathetic or Unempathetic Support on a Pain Test," *European Journal of Neuroscience* 46, no. 10 (2017): 2629–37.
36. Frans Derksen, Tim C. Olde Hartman, Annelies van Dijk, Annette Plouvier, Jozien Bensing, and Antoine Lagro-Janssen, "Consequences of the Presence and Absence of Empathy during Consultations in Primary Care: A Focus Group Study with Patients," *Patient Education and Counseling* 100, no. 5 (2017): 987–93.
37. Olga M. Klimecki, Susanne Leiberg, Matthieu Ricard, and Tania Singer, "Differential Pattern of Functional Brain Plasticity after Compassion and Empathy Training," *Social Cognitive and Affective Neuroscience* 9, no. 6 (2014): 873–9.
38. Paul Bloom, *Against Empathy: The Case for Rational Compassion* (New York: Random House, 2017), 2.
39. Clara Strauss, Billie Lever Taylor, Jenny Gu, Willem Kuyken, Ruth Baer, Fergal Jones, and Kate Cavanagh, "What Is Compassion and How Can We Measure It? A Review of Definitions and Measures," *Clinical Psychology Review* 47 (2016): 15–27.
40. Klimecki et al., "Differential Pattern."
41. Yawei Cheng, Ching-Po Lin, Ho-Ling Liu, Yuan-Yu Hsu, Kun-Eng Lim, Daisy Hung, and Jean Decety, "Expertise Modulates the Perception of Pain in Others," *Current Biology* 17, no. 19 (2007): 1708–13.
42. Varun Warrier, Roberto Toro, Bhismadev Chakrabarti, Anders D. Børglum, Jakob Grove, David A. Hinds, Thomas Bourgeron, and Simon Baron-Cohen, "Genome-Wide Analyses of Self-Reported Empathy: Correlations with Autism, Schizophrenia, and Anorexia Nervosa," *Translational Psychiatry* 8, no. 1 (2018): 1–10; Aleksandr Kogan, Laura R. Saslow, Emily A. Impett, and Sarina Rodrigues Saturn, "Thin-Slicing Study of the Oxytocin Receptor (OXTR) Gene and the Evaluation and Expression of the Prosocial Disposition," *Proceedings of the National Academy of Sciences* 108, no. 48 (2011): 19189–92.
43. Hooria Jazaieri, Geshe Thupten Jinpa, Kelly McGonigal, Erika L. Rosenberg, Joel Finkelstein, Emiliana Simon-Thomas, Margaret Cullen, James R. Doty, James J. Gross, and Philippe R. Goldin, "Enhancing Compassion: A Randomized Controlled Trial of a Compassion Cultivation Training Program," *Journal of Happiness Studies* 14, no. 4 (2012): 1113–26.
44. Carrie Mok, Nirmal B. Shah, Stephen F. Goldberg, Amir C. Dayan, and Jaime L. Baratta, "Patient Perceptions and Expectations about Postoperative Analgesia" (presentation, Thomas Jefferson University Hospital, Philadelphia, 2018).

第四章　少關注自己

本章改編與摘錄以下文章的觀點和段落：

Arthur C. Brooks, "No One Cares," How to Build a Life, *The Atlantic*, November 11, 2021; Arthur C. Brooks, "Quit Lying to Yourself," How to Build a Life, *The Atlantic*, November 18, 2021; Arthur C. Brooks, "How to Stop Freaking Out," How to Build a Life, *The Atlantic*, April 28, 2022; Arthur C. Brooks, "Don't Surround Yourself with Admirers," How to Build a Life, *The Atlantic*, June 30, 2022; Arthur C. Brooks, "Honesty Is Love," How to Build a Life, *The Atlantic*, August 18, 2022; Arthur C. Brooks, "A Shortcut for Feeling Just a Little Happier," How to Build a Life, *The Atlantic*, August 25, 2022; Arthur C. Brooks, "Envy, the Happiness Killer," How to Build a Life, *The Atlantic*, October 20, 2022.

1. Adam Waytz and Wilhelm Hofmann, "Nudging the Better Angels of Our Nature: A Field Experiment on Morality and Well-being," *Emotion* 20, no. 5 (2020): 904–9.
2. William James, *The Principles of Psychology* (New York: H. Holt and Company, 1890).
3. Michael Dambrun, "Self-Centeredness and Selflessness: Happiness Correlates and Mediating Psychological Processes," *PeerJ* 5 (2017): e3306.
4. Olga Khazan, "The Self-Confidence Tipping Point," *The Atlantic*, October 11, 2019; Leon F. Seltzer, "Self-Absorption: The Root of All (Psychological) Evil?" *Psychology Today*, August 24, 2016.
5. Marius Golubickis and C. Neil Macrae, "Sticky Me: Self-Relevance Slows Reinforcement Learning," *Cognition* 227 (2022): 105207.
6. Daisetz Teitaro Suzuki, *An Introduction to Zen Buddhism* (New York: Grove Press, 1991), 64.
7. 這句話出自與其中一位作者的電子郵件。
8. David Veale and Susan Riley, "Mirror, Mirror on the Wall, Who Is the Ugliest of Them All? The Psychopathology of Mirror Gazing in Body Dysmorphic Disorder," *Behaviour Research and Therapy* 39, no. 12 (2001): 1381–93.
9. 那人給亞瑟講了這個故事。
10. Dacher Keltner, "Why Do We Feel Awe?" *Greater Good Magazine*, May 10, 2016.
11. Michelle N. Shiota, Dacher Keltner, and Amanda Mossman, "The Nature of Awe: Elicitors, Appraisals, and Effects on Self-Concept," *Cognition and Emotion* 21, no. 5 (2007): 944–63.
12. Wanshi Shôgaku, *Shôyôroku (Book of Equanimity): Introductions, Cases, Verses Selection of 100 Cases with Verses,* trans.

Sanbô Kyôdan Society (2014).

13. Matthew 7:1, NIV.

14. Marcus Aurelius, *Meditations:* A *New Translation* (London: Random House UK, 2002), 162.

15. Richard Foley, *Intellectual Trust in Oneself and Others* (Cambridge, UK: Cambridge University Press, 2001).

16. Matthew D. Lieberman and Naomi I. Eisenberger, "The Dorsal Anterior Cingulate Cortex Is Selective for Pain: Results from Large-Scale Reverse Inference," *Proceedings of the National Academy of Sciences* 112, no. 49 (2015): 15250–5; Ruohe Zhao, Hang Zhou, Lianyan Huang, Zhongcong Xie, Jing Wang, Wen-Biao Gan, and Guang Yang, "Neuropathic Pain Causes Pyramidal Neuronal Hyperactivity in the Anterior Cingulate Cortex," *Frontiers in Cellular Neuroscience* 12 (2018): 107.

17. C. Nathan DeWall, Geoff MacDonald, Gregory D. Webster, Carrie L. Masten, Roy F. Baumeister, Caitlin Powell, David Combs, David R. Schurtz, Tyler F. Stillman, Dianne M. Tice, Naomi I. Eisenberger, "Acetaminophen Reduces Social Pain: Behavioral and Neural Evidence," *Psychological Science* 21, no. 7 (2010): 931–7.

18. "Allodoxaphobia (a Complete Guide)," OptimistMinds, last modified February 3, 2023.

19. APA Dictionary of Psychology, s.v. "behavioral inhibition system," American Psychological Association, www.dictionary.apa.org/behavioral-inhibition-system; Marion R. M. Scholten et al., "Behavioral Inhibition System (BIS), Behavioral Activation System (BAS) and Schizophrenia: Relationship with Psychopathology and Physiology," *Journal of Psychiatric Research* 40, no. 7 (2006): 638–45.

20. Kees van den Bos, "Meaning Making Following Activation of the Behavioral Inhibition System: How Caring Less about What Others Think May Help Us to Make Sense of What Is Going On," in *The Psychology of Meaning*, ed. K. D. Markman, T. Proulx, and M. J. Lindberg (Washington, DC: American Psychological Association, 2013), 359–80.

21. Annette Kämmerer, "The Scientific Underpinnings and Impacts of Shame," *Scientific American*, August 9, 2019; Jay Boll, "Shame: The Other Emotion in Depression & Anxiety," Hope to Cope, March 8, 2021.

22. Lao Tzu, *Tao Te Ching: A New English Version*, trans. Stephen Mitchell (New York: Harper Perennial, 1992), poem 9.

23. 毫無疑問，你樂得不想再在意他人的想法；因為這讓你痛苦。但問題是：一如經常出現的身心不適，若完全消除並非好事，反而不正常且危險；這種傾向可能導致心理學家所謂的傲慢症候群或狂妄症候群，甚至恐成為反社會人格的證據。參見David Owen and Jonathan Davidson, "Hubris Syndrome: An Acquired Personality Disorder? A Study of US Presidents and UK Prime Ministers over the Last 100 Years," *Brain* 132, no. 5 (2009): 1396–406; Robert J. Blair, "The Amygdala and Ventromedial Prefrontal Cortex in Morality and Psychopathy," *Trends in Cognitive Sciences* 11, no. 9 (2007): 387–92。

24. Kenneth Savitsky, Nicholas Epley, and Thomas Gilovich, "Do Others Judge Us as Harshly as We Think? Overestimating the Impact of Our Failures, Shortcomings, and Mishaps," *Journal of Personality and Social Psychology* 81, no. 1 (2001): 44–56.
25. Dante Alighieri, *The Divine Comedy*, trans. Henry Wadsworth Longfellow (Boston: 1867), published online by Project Gutenberg.
26. Joseph Epstein, *Envy: The Seven Deadly Sins*, vol. 1 (Oxford, UK: Oxford University Press, 2003), 1.
27. Jan Crusius, Manuel F. Gonzalez, Jens Lange, and Yochi Cohen-Charash, "Envy: An Adversarial Review and Comparison of Two Competing Views," *Emotion Review* 12, no. 1 (2020): 3–21.
28. Henrietta Bolló, Dzsenifer Roxána Háger, Manuel Galvan, and Gábor Orosz, "The Role of Subjective and Objective Social Status in the Generation of Envy," *Frontiers in Psychology* 11 (2020): 513495.
29. Hidehiko Takahashi, Motoichiro Kato, Masato Matsuura, Dean Mobbs, Tetsuya Suhara, and Yoshiro Okubo, "When Your Gain Is My Pain and Your Pain Is My Gain: Neural Correlates of Envy and Schadenfreude," *Science* 323, no. 5916 (2009): 937–9.
30. Redzo Mujcic and Andrew J. Oswald, "Is Envy Harmful to a Society's Psychological Health and Wellbeing? A Longitudinal Study of 18,000 Adults," *Social Science & Medicine* 198 (2018): 103–11.
31. Nicole E. Henniger and Christine R. Harris, "Envy across Adulthood: The What and the Who," *Basic and Applied Social Psychology* 37, no. 6 (2015): 303–18.
32. Edson C. Tandoc Jr., Patrick Ferrucci, and Margaret Duffy, "Facebook Use, Envy, and Depression among College Students: Is Face-booking Depressing?" *Computers in Human Behavior* 43 (2015): 139–46.
33. Philippe Verduyn, David Seungjae Lee, Jiyoung Park, Holly Shablack, Ariana Orvell, Joseph Bayer, Oscar Ybarra, John Jonides, and Ethan Kross, "Passive Facebook Usage Undermines Affective Well-being: Experimental and Longitudinal Evidence," *Journal of Experimental Psychology: General* 144, no. 2 (2015): 480–8.
34. Cosimo de' Medici, Piero de' Medici, and Lorenzo de' Medici, *Lives of the Early Medici: As Told in Their Correspondence* (Boston: R. G. Badger, 1911).
35. Ed O'Brien, Alexander C. Kristal, Phoebe C. Ellsworth, and Norbert Schwarz, "(Mis)imagining the Good Life and the Bad Life: Envy and Pity as a Function of the Focusing Illusion," *Journal of Experimental Social Psychology* 75 (2018): 41–53.
36. Alexandra Samuel, "What to Do When Social Media Inspires Envy," *JSTOR Daily*, February 6, 2018.
37. Alison Wood Brooks, Karen Huang, Nicole Abi-Esber, Ryan W. Buell, Laura Huang, and Brian Hall, "Mitigating Malicious Envy: Why Successful Individuals Should Reveal Their Failures," *Journal of Experimental Psychology: General* 148, no. 4 (2019): 667–87.

38. Ovul Sezer, Francesca Gino, and Michael I. Norton, "Humblebragging: A Distinct—and Ineffective—Self-Presentation Strategy," *Journal of Personality and Social Psychology* 114, no. 1 (2018): 52–74.

第五章　沒有完美的家庭

本章改編與摘錄以下文章的觀點與段落：

Arthur C. Brooks, "Love Is Medicine for Fear," How to Build a Life, *The Atlantic*, July 16, 2020; Arthur C. Brooks, "There Are Two Kinds of Happy People," How to Build a Life, *The Atlantic*, January 28, 2021; Arthur C. Brooks, "Don't Wish for Happiness. Work for It," How to Build a Life, *The Atlantic*, April 22, 2021; Arthur C. Brooks, "How Adult Children Affect Their Mother's Happiness," How to Build a Life, *The Atlantic*, May 6, 2021; Arthur C. Brooks, "Dads Just Want to Help," How to Build a Life, *The Atlantic*, June 17, 2021; Arthur C. Brooks, "Those Who Share a Roof Share Emotions," How to Build a Life, *The Atlantic*, July 22, 2021; Arthur C. Brooks, "Fake Forgiveness Is Toxic for Relationships," How to Build a Life, *The Atlantic*, August 19, 2021; Arthur C. Brooks, "Quit Lying to Yourself," How to Build a Life, *The Atlantic*, November 18, 2021; Arthur C. Brooks, "The Common Dating Strategy That's Totally Wrong," How to Build a Life, *The Atlantic*, February 10, 2022; Arthur C. Brooks, "The Key to a Good Parent-Child Relationship? Low Expectations," How to Build a Life, *The Atlantic*, May 12, 2022; Arthur C. Brooks, "Honesty Is Love," How to Build a Life, *The Atlantic*, August 18, 2022.

1. Laura Silver, Patrick van Kessel, Christine Huang, Laura Clancy, and Sneha Gubbala, "What Makes Life Meaningful? Views from 17 Advanced Economies," Pew Research Center, November 18, 2021.
2. Christian Grevin, "The Chapman University Survey of American Fears, Wave 9" (Orange, CA: Earl Babbie Research Center, Chapman University, 2022).
3. Merril Silverstein and Roseann Giarrusso, "Aging and Family Life: A Decade Review," *Journal of Marriage and Family* 72, no. 5 (2010): 1039–58.
4. Leo Tolstoy, *Anna Karenina*, trans. Constance Garnett (1901), published online by Project Gutenberg.
5. Adam Shapiro, "Revisiting the Generation Gap: Exploring the Relationships of Parent/Adult-Child Dyads," *International Journal of Aging and Human Development* 58, no. 2 (2004): 127–46.
6. Shapiro, "Revisiting the Generation Gap."
7. Joshua Coleman, "A Shift in American Family Values Is Fueling Estrangement," *The Atlantic*, January 10, 2021; Megan Gilligan,

J. Jill Suitor, and Karl Pillemer, "Estrangement between Mothers and Adult Children: The Role of Norms and Values," *Journal of Marriage and Family* 77, no. 4 (2015): 908–20.
8. Kira S. Birditt, Laura M. Miller, Karen L. Fingerman, and Eva S. Lefkowitz, "Tensions in the Parent and Adult Child Relationship: Links to Solidarity and Ambivalence," *Psychology and Aging* 24, no. 2 (2009): 287–95.
9. Chris Segrin, Alesia Woszidlo, Michelle Givertz, Amy Bauer, and Melissa Taylor Murphy, "The Association between Overparenting, Parent-Child Communication, and Entitlement and Adaptive Traits in Adult Children," *Family Relations* 61, no. 2 (2012): 237–52.
10. Rhaina Cohen, "The Secret to a Fight-Free Relationship," *The Atlantic*, September 13, 2021.
11. Shapiro, "Revisiting the Generation Gap."
12. Kira S. Birditt, Karen L. Fingerman, Eva S. Lefkowitz, and Claire M. Kamp Dush, "Parents Perceived as Peers: Filial Maturity in Adulthood," *Journal of Adult Development* 15, no. 1 (2008): 1–12.
13. Ashley Fetters and Kaitlyn Tiffany, "The 'Dating Market' Is Getting Worse," *The Atlantic*, February 25, 2020.
14. Anna Brown, "Nearly Half of U.S. Adults Say Dating Has Gotten Harder for Most People in the Last 10 Years," Pew Research Center, August 20, 2020.
15. Michael Davern, Rene Bautista, Jeremy Freese, Stephen L. Morgan, and Tom W. Smith, General Social Surveys, 1972–2021 Cross-section, NORC, University of Chicago, gssdataexplorer.norc.org.
16. Christopher Ingraham, "The Share of Americans Not Having Sex Has Reached a Record High," *Washington Post*, March 29, 2019; Kate Julian, "Why Are Young People Having So Little Sex?" *The Atlantic*, December 15, 2018.
17. Gregory A. Huber and Neil Malhotra, "Political Homophily in Social Relationships: Evidence from Online Dating Behavior," *Journal of Politics* 79, no. 1 (2017): 269–83.
18. Cat Hofacker, "OkCupid: Millennials Say Personal Politics Can Make or Break a Relationship," *USA Today*, October 16, 2018.
19. Neal Rothschild, "Young Dems More Likely to Despise the Other Party," *Axios*, December 7, 2021.
20. "Is Education Doing Favors for Your Dating Life?" *GCU Experience* (blog), Grand Canyon University, June 22, 2021.
21. Robert F. Winch, "The Theory of Complementary Needs in Mate-Selection: A Test of One Kind of Complementariness," *American Sociological Review* 20, no. 1 (1955): 52–6.
22. Pamela Sadler and Erik Woody, "Is Who You Are Who You're Talking To? Interpersonal Style and Complementarity in Mixed-Sex Interactions," *Journal of Personality and Social Psychology* 84, no. 1 (2003): 80–96.
23. Aurelio José Figueredo, Jon Adam Sefcek, and Daniel Nelson Jones, "The Ideal Romantic Partner Personality," *Personality and*

Individual Differences 41, no. 3 (2006): 431–41.
24. Marc Spehr, Kevin R. Kelliher, Xiao-Hong Li, Thomas Boehm, Trese Leinders-Zufall, and Frank Zufall, "Essential Role of the Main Olfactory System in Social Recognition of Major Histocompatibility Complex Peptide Ligands," *Journal of Neuroscience* 26, no. 7 (2006): 1961–70.
25. Claus Wedekind, Thomas Seebeck, Florence Bettens, and Alexander J. Paepke, "MHC-Dependent Mate Preferences in Humans," *Proceedings of the Royal Society B: Biological Sciences* 260, no. 1359 (1995): 245–9. 26.
26. Pablo Sandro Carvalho Santos, Juliano Augusto Schinemann, Juarez Gabardo, and Maria da Graça Bicalho, "New Evidence That the MHC Influences Odor Perception in Humans: A Study with 58 Southern Brazilian Students," *Hormones and Behavior* 47, no. 4 (2005): 384–8.
27. Michael J. Rosenfeld, Reuben J. Thomas, and Sonia Hausen, "Disintermediating Your Friends: How Online Dating in the United States Displaces Other Ways of Meeting," *Proceedings of the National Academy of Sciences* 116, no. 36 (2019): 17753–8.
28. Jon Levy, Devin Markell, and Moran Cerf, "Polar Similars: Using Massive Mobile Dating Data to Predict Synchronization and Similarity in Dating Preferences," *Frontiers in Psychology* 10 (2019): 2010.
29. C. Price, "43% of Americans Have Gone on a Blind Date," DatingAdvice.com, August 6, 2022.
30. Elaine Hatfield, John T. Cacioppo, and Richard L. Rapson, "Emotional Contagion," *Current Directions in Psychological Science* 2, no. 3 (1993): 96–9.
31. James H. Fowler and Nicholas A. Christakis, "Dynamic Spread of Happiness in a Large Social Network: Longitudinal Analysis over 20 Years in the Framingham Heart Study," *BMJ* 337 (2008): a2338.
32. Alison L. Hill, David G. Rand, Martin A. Nowak, and Nicholas A. Christakis, "Emotions as Infectious Diseases in a Large Social Network: The SISa Model," *Proceedings of the Royal Society B: Biological Sciences* 277, no. 1701 (2010): 3827–35.
33. Elaine Hatfield, Lisamarie Bensman, Paul D. Thornton, and Richard L. Rapson, "New Perspectives on Emotional Contagion: A Review of Classic and Recent Research on Facial Mimicry and Contagion," *Interpersona: An International Journal on Personal Relationships* 8, no. 2 (2014): 159–79.
34. Bruno Wicker, Christian Keysers, Jane Plailly, Jean-Pierre Royet, Vittorio Gallese, and Giacomo Rizzolatti, "Both of Us Disgusted in My Insula: The Common Neural Basis of Seeing and Feeling Disgust," *Neuron* 40, no. 3 (2003): 655–64.
35. India Morrison, Donna Lloyd, Giuseppe Di Pellegrino, and Neil Roberts, "Vicarious Responses to Pain in Anterior Cingulate Cortex: Is Empathy a Multisensory Issue?" *Cognitive, Affective, & Behavioral Neuroscience* 4, no. 2 (2004): 270–8.
36. Mary J. Howes, Jack E. Hokanson, and David A. Loewenstein, "Induction of Depressive Affect after Prolonged Exposure to a

Mildly Depressed Individual," *Journal of Personality and Social Psychology* 49, no. 4 (1985): 1110–3.
37. Robert J. Littman and Maxwell L. Littman, "Galen and the Antonine Plague," *American Journal of Philology* 94, no. 3 (1973): 243–55.
38. Cassius Dio, "Book of Roman History," in *Loeb Classical Library* 9, trans. Earnest Cary and Herbert Baldwin Faoster (Cambridge, MA: Harvard University Press, 1925), 100–101.
39. Marcus Aurelius, "Marcus Aurelius," in *Loeb Classical Library* 58, ed. and trans. C. R. Haines (Cambridge, MA: Harvard University Press, 1916), 234–35.
40. Courtney Waite Miller and Michael E. Roloff, "When Hurt Continues: Taking Conflict Personally Leads to Rumination, Residual Hurt and Negative Motivations toward Someone Who Hurt Us," *Communication Quarterly* 62, no. 2 (2014): 193–213.
41. Denise C. Marigold, Justin V. Cavallo, John G. Holmes, and Joanne V. Wood, "You Can't Always Give What You Want: The Challenge of Providing Social Support to Low Self-Esteem Individuals," *Journal of Personality and Social Psychology* 107, no. 1 (2014): 56–80.
42. Hao Shen, Aparna Labroo, and Robert S. Wyer Jr., "So Difficult to Smile: Why Unhappy People Avoid Enjoyable Activities," *Journal of Personality and Social Psychology* 119, no. 1 (2020): 23.
43. Robert M. Pirsig, *Zen and the Art of Motorcycle Maintenance: An Inquiry into Values* (New York: Random House, 1999).
44. Pavica Sheldon and Mary Grace Antony, "Forgive and Forget: A Typology of Transgressions and Forgiveness Strategies in Married and Dating Relationships," *Western Journal of Communication* 83, no. 2 (2019): 232–51.
45. Vincent R. Waldron and Douglas L. Kelley, "Forgiving Communication as a Response to Relational Transgressions," *Journal of Social and Personal Relationships* 22, no. 6 (2005): 723–42.
46. Sheldon and Antony, "Forgive and Forget."
47. Buddhaghosa Himi, *Visuddhimagga: The Path of Purification*, trans. Bhikkhu Ñāṇamoli (Sri Lanka: Buddhist Publication Society, 2010), 297.
48. Everett L. Worthington Jr., Charlotte Van Oyen Witvliet, Pietro Pietrini, and Andrea J. Miller, "Forgiveness, Health, and Well-being: A Review of Evidence for Emotional versus Decisional Forgiveness, Dispositional Forgivingness, and Reduced Unforgiveness," *Journal of Behavioral Medicine* 30, no. 4 (2007): 291–302.
49. Brad Blanton, *Radical Honesty* (New York: Random House, 1996).
50. Edel Ennis, Aldert Vrij, and Claire Chance, "Individual Differences and Lying in Everyday Life," *Journal of Social and Personal Relationships* 25, no. 1 (2008): 105–18.

51. Leon F. Seltzer, "The Narcissist's Dilemma: They Can Dish It Out, but . . ." *Psychology Today*, October 12, 2011.

第六章　深厚真摯的友誼

本章改編與摘錄自以下文章和播客的觀點與段落：

Arthur C. Brooks, "Sedentary Pandemic Life Is Bad for Our Happiness," How to Build a Life, *The Atlantic*, November 19, 2020; Arthur C. Brooks, "The Type of Love That Makes People Happiest," How to Build a Life, *The Atlantic*, February 11, 2021; Arthur C. Brooks, "The Hidden Toll of Remote Work," How to Build a Life, *The Atlantic*, April 1, 2021; Arthur C. Brooks, "The Best Friends Can Do Nothing for You," How to Build a Life, *The Atlantic*, April 8, 2021; Arthur C. Brooks, "What Introverts and Extroverts Can Learn from Each Other," How to Build a Life, *The Atlantic*, May 20, 2021; Arthur C. Brooks, "Which Pet Will Make You Happiest?" How to Build a Life, *The Atlantic*, August 5, 2021; Arthur C. Brooks, "Stop Waiting for Your Soul Mate," How to Build a Life, *The Atlantic*, September 9, 2021; Arthur C. Brooks, "Don't Surround Yourself with Admirers," How to Build a Life, *The Atlantic*, June 30, 2022; Arthur C. Brooks, "Technology Can Make Your RelationshipsShallower," How to Build a Life, *The Atlantic*, September 29, 2022; Arthur C. Brooks, "Marriage Is a Team Sport," How to Build a Life, *The Atlantic*, November 10, 2022; Arthur C. Brooks, "How We Learned to Be Lonely," How to Build a Life, *The Atlantic*, January 5, 2023; Arthur Brooks, "Love in the Time of Corona," *The Art of Happiness with Arthur Brooks*, podcast audio, 39:24, April 13, 2020.

1. Edgar Allan Poe, *The Complete Poetical Works of Edgar Allan Poe Including Essays on Poetry*, ed. John Henry Ingram (New York: A. L. Burt), published online by Project Gutenberg.
2. Ludwig, "Death of Edgar A Poe," *Richmond Enquirer*, October 16, 1849.
3. Edgar Allan Poe and Eugene Lemoine Didier, *Life and Poems* (New York: W. J. Widdleton, 1879), 101.
4. Melıkşah Demır, Ayça Özen, Aysun Doğan, Nicholas A. Bilyk, and Fanita A. Tyrell, "I Matter to My Friend, Therefore I Am Happy: Friendship, Mattering, and Happiness," *Journal of Happiness Studies* 12, no. 6 (2011): 983–1005.
5. Melıkşah Demır and Lesley A. Weitekamp, "I Am So Happy 'Cause Today I Found My Friend: Friendship and Personality as Predictors of Happiness," *Journal of Happiness Studies* 8, no. 2 (2007): 181–211.
6. Daniel A. Cox, "The State of American Friendship: Change, Challenges, and Loss," Survey Center on American Life, June 8, 2021.
7. Cox, "State of American Friendship."

8. John Whitesides, "From Disputes to a Breakup: Wounds Still Raw after U.S. Election," Reuters, February 7, 2017.
9. KFF, "As the COVID-19 Pandemic Enters the Third Year Most Adults Say They Have Not Fully Returned to Pre-Pandemic 'Normal,'" news release, April 6, 2022.
10. Maddie Sharpe and Alison Spencer, "Many Americans Say They Have Shifted Their Priorities around Health and Social Activities during COVID-19," Pew Research Center, August 18, 2022.
11. Sarah Davis, "59% of U.S. Adults Find It Harder to Form Relationships since COVID-19, Survey Reveals—Here's How That Can Harm Your Health," *Forbes*, July 12, 2022.
12. Lewis R. Goldberg, "The Development of Markers for the Big-Five Factor Structure," *Psychological Assessment* 4, no. 1 (1992): 26–42.
13. C. G. Jung, *Psychologische Typen* (Zurich: Rascher & Cie., 1921).
14. Hans Jurgen Eysenck, "Intelligence Assessment: A Theoretical and Experimental Approach," in *The Measurement of Intelligence* (Heidelberg, London, and New York: Springer Dordrecht, 1973), 194–211.
15. Rachel L. C. Mitchell and Veena Kumari, "Hans Eysenck's Interface between the Brain and Personality: Modern Evidence on the Cognitive Neuroscience of Personality," *Personality and Individual Differences* 103 (2016): 74–81.
16. Mats B. Küssner, "Eysenck's Theory of Personality and the Role of Background Music in Cognitive Task Performance: A Mini-Review of Conflicting Findings and a New Perspective," *Frontiers in Psychology* 8 (2017): 1991.
17. Peter Hills and Michael Argyle, "Happiness, Introversion–Extraversion and Happy Introverts," *Personality and Individual Differences* 30, no. 4 (2001): 595–608.
18. Ralph R. Greenson, "On Enthusiasm," *Journal of the American Psychoanalytic Association* 10, no. 1 (1962): 3–21.
19. Barry M. Staw, "The Escalation of Commitment to a Course of Action," *Academy of Management Review* 6, no. 4 (1981): 577–87.
20. Daniel C. Feiler and Adam M. Kleinbaum, "Popularity, Similarity, and the Network Extraversion Bias," *Psychological Science* 26, no. 5 (2015): 593–603.
21. Yehudi A. Cohen, "Patterns of Friendship," in *Social Structure and Personality: A Casebook* (New York: Holt, Rinehart and Winston, 1961), 351–86.
22. OnePoll, "Evite: Difficulty Making Friends," 72Point, May 2019.
23. Yixin Chen and Thomas Hugh Feeley, "Social Support, Social Strain, Loneliness, and Well-being among Older Adults: An Analysis of the Health and Retirement Study," *Journal of Social and Personal Relationships* 31, no. 2 (2014): 141–61.
24. Laura L. Carstensen, Derek M. Isaacowitz, and Susan T. Charles, "Taking Time Seriously: A Theory of Socioemotional

Selectivity," *American Psychologist* 54, no. 3 (1999): 165–81.
25. Aristotle, *Nicomachean Ethics* VIII (London: Kegan Paul, Trench, Trübner, and Company, 1893), 1, 3.
26. Michael E. Porter and Nitin Nohria, "How CEOs Manage Time," *Harvard Business Review*, July–August 2018.
27. Derek Thompson, "Workism Is Making Americans Miserable," *The Atlantic*, February 24, 2019.
28. Galatians 4:9, NIV; Yair Kramer, "Transformational Moments in Group Psychotherapy" (PhD diss., Rutgers University Graduate School of Applied and Professional Psychology, 2012).
29. "Magandiya Sutta: To Magandiya," trans. Thanissaro Bhikkhu, Access to Insight, November 30, 2013.
30. Thích Nhất Hạnh, *Being Peace* (Berkeley, CA: Parallax Press, 2020), 91.
31. Neal Krause, Kenneth I. Pargament, Peter C. Hill, and Gail Ironson, "Humility, Stressful Life Events, and Psychological Well-being: Findings from the Landmark Spirituality and Health Survey," *Journal of Positive Psychology* 11, no. 5 (2016): 499–510.
32. Philip Schaff and Henry Wace, eds., *Nicene and Post-Nicene Fathers: Basil: Letters and Select Works*, vol. 8 (Peabody, MA: Hendrickson, 1995), 446.
33. Adam K. Fetterman and Kai Sassenberg, "The Reputational Consequences of Failed Replications and Wrongness Admission among Scientists," *PLoS One* 10, no. 12 (2015): e0143723.
34. "Doris Kearns Goodwin on Lincoln and His 'Team of Rivals,'" interview by Dave Davies, *Fresh Air*, NPR, November 8, 2005.
35. Brian J. Fogg, *Tiny Habits: The Small Changes That Change Everything* (Boston: Houghton Mifflin Harcourt, 2020).
36. Paul Samuelson and William Nordhaus, *Economics*, 19th ed. (New York: McGraw Hill, 2010), 1.
37. Zhiling Zou, Hongwen Song, Yuting Zhang, and Xiaochu Zhang, "Romantic Love vs. Drug Addiction May Inspire a New Treatment for Addiction," *Frontiers in Psychology* 7 (2016): 1436.
38. Helen E. Fisher, Arthur Aron, and Lucy L. Brown, "Romantic Love: A Mammalian Brain System for Mate Choice," *Philosophical Transactions of the Royal Society B: Biological Sciences* 361, no. 1476 (2006): 2173–86.
39. Antina de Boer, Erin M. van Buel, and G. J. Ter Horst, "Love Is More Than Just a Kiss: A Neurobiological Perspective on Love and Affection," *Neuroscience* 201 (2012): 114–24.
40. Katherine Wu, "Love, Actually: The Science behind Lust, Attraction, and Companionship," *Science in the News* (blog), Harvard University: The Graduate School of Arts and Sciences, February 14, 2017.
41. "Harvard Study of Adult Development," Massachusetts General Hospital and Harvard Medical School, www.adultdevelopmentstudy.org.
42. Roberts J. Waldinger and Marc S. Schulz, "What's Love Got to Do with It? Social Functioning, Perceived Health, and Daily

Happiness in Married Octogenarians," *Psychology and Aging* 25, no. 2 (2010): 422–31.

43. Jungsik Kim and Elaine Hatfield, "Love Types and Subjective Wellbeing: A Cross-Cultural Study," *Social Behavior and Personality: An International Journal* 32, no. 2 (2004): 173–82.

44. Kevin A. Johnson, "Unrealistic Portrayals of Sex, Love, and Romance in Popular Wedding Films," in *Critical Thinking about Sex, Love, and Romance in the Mass Media*, ed. Mary-Lou Galician and Debra L. Merskin (Oxford, UK: Routledge, 2007), 306.

45. Litsa Renée Tanner, Shelley A. Haddock, Toni Schindler Zimmerman, and Lori K. Lund, "Images of Couples and Families in Disney Feature-Length Animated Films," *American Journal of Family Therapy* 31, no. 5 (2003): 355–73.

46. Chris Segrin and Robin L. Nabi, "Does Television Viewing Cultivate Unrealistic Expectations about Marriage?" *Journal of Communication* 52, no. 2 (2002): 247–63.

47. Karolien Driesmans, Laura Vandenbosch, and Steven Eggermont, "True Love Lasts Forever: The Influence of a Popular Teenage Movie on Belgian Girls' Romantic Beliefs," *Journal of Children and Media* 10, no. 3 (2016): 304–20.

48. Florian Zsok, Matthias Haucke, Cornelia Y. De Wit, and Dick PH Barelds, "What Kind of Love Is Love at First Sight? An Empirical Investigation," *Personal Relationships* 24, no. 4 (2017): 869–85.

49. Bjarne M. Holmes, "In Search of My 'One and Only': Romance-Oriented Media and Beliefs in Romantic Relationship Destiny," *Electronic Journal of Communication* 17, no. 3 (2007): 1–23.

50. Benjamin H. Seider, Gilad Hirschberger, Kristin L. Nelson, and Robert W. Levenson, "We Can Work It Out: Age Differences in Relational Pronouns, Physiology, and Behavior in Marital Conflict," *Psychology and Aging* 24, no. 3 (2009): 604–13.

51. Joe J. Gladstone, Emily N. Garbinsky, and Cassie Mogilner, "Pooling Finances and Relationship Satisfaction," *Journal of Personality and Social Psychology* 123, no. 6 (2022): 1293–314; Joe Pinsker, "Should Couples Merge Their Finances?" *The Atlantic*, April 20, 2022.

52. Emily N. Garbinsky and Joe J. Gladstone, "The Consumption Consequences of Couples Pooling Finances," *Journal of Consumer Psychology* 29, no. 3 (2019): 353–69.

53. Laura K. Guerrero, "Conflict Style Associations with Cooperativeness, Directness, and Relational Satisfaction: A Case for a Six-Style Typology," *Negotiation and Conflict Management Research* 13, no. 1 (2020): 24–43.

54. Rhaina Cohen, "The Secret to a Fight-Free Relationship," *The Atlantic*, September 13, 2021.

55. David G. Blanchflower and Andrew J. Oswald, "Money, Sex and Happiness: An Empirical Study," *Scandinavian Journal of Economics* 106, no. 3 (2004): 393–415.

56. Kira S. Birditt and Toni C. Antonucci, "Relationship Quality Profiles and Well-being among Married Adults," *Journal of Family*

Psychology 21, no. 4 (2007): 595–604.
57. World Bank, "Internet Users for the United States (ITNETUSERP2USA)," Federal Reserve Bank of St. Louis.
58. Robert Kraut, Michael Patterson, Vicki Lundmark, Sara Kiesler, Tridas Mukophadhyay, and William Scherlis, "Internet Paradox: A Social Technology That Reduces Social Involvement and Psychological Well-being?" *American Psychologist* 53, no. 9 (1998): 1017–31.
59. Minh Hao Nguyen, Minh Hao, Jonathan Gruber, Will Marler, Amanda Hunsaker, Jaelle Fuchs, and Eszter Hargittai, "Staying Connected While Physically Apart: Digital Communication When Face-to-Face Interactions Are Limited," *New Media & Society* 24, no. 9 (2022): 2046–67.
60. Martha Newson, Yi Zhao, Marwa El Zein, Justin Sulik, Guillaume Dezecache, Ophelia Deroy, and Bahar Tunçgenç, "Digital Contact Does Not Promote Wellbeing, but Face-to-Face Contact Does: A Cross-National Survey during the COVID-19 Pandemic," *New Media & Society* (2021).
61. Michael Kardas, Amit Kumar, and Nicholas Epley, "Overly Shallow? Miscalibrated Expectations Create a Barrier to Deeper Conversation," *Journal of Personality and Social Psychology* 122, no. 3 (2022): 367–98.
62. Sarah M. Coyne, Laura M. Padilla-Walker, and Hailey G. Holmgren, "A Six-Year Longitudinal Study of Texting Trajectories during Adolescence," *Child Development* 89, no. 1 (2018): 58–65.
63. Katherine Schaeffer, "Most U.S. Teens Who Use Cellphones Do It to Pass Time, Connect with Others, Learn New Things," Pew Research Center, August 23, 2019; Bethany L. Blair, Anne C. Fletcher, and Erin R. Gaskin, "Cell Phone Decision Making: Adolescents' Perceptions of How and Why They Make the Choice to Text or Call," *Youth & Society* 47, no. 3 (2015): 395–411.
64. César G. Escobar-Viera, César G., Ariel Shensa, Nicholas D. Bowman, Jaime E. Sidani, Jennifer Knight, A. Everette James, and Brian A. Primack, "Passive and Active Social Media Use and Depressive Symptoms among United States Adults," *Cyberpsychology, Behavior, and Social Networking* 21, no. 7 (2018): 437–43; Soyeon Kim, Lindsay Favotto, Jillian Halladay, Li Wang, Michael H. Boyle, and Katholiki Georgiades, "Differential Associations between Passive and Active Forms of Screen Time and Adolescent Mood and Anxiety Disorders," *Social Psychiatry and Psychiatric Epidemiology* 55, no. 11 (2020): 1469–78.
65. David Nield, "Try Grayscale Mode to Curb Your Phone Addiction," *Wired*, December 1, 2019.
66. Monique M. H. Pollmann, Tyler J. Norman, and Erin E. Crockett, "A Daily-Diary Study on the Effects of Face-to-Face Communication, Texting, and Their Interplay on Understanding and Relationship Satisfaction," *Computers in Human Behavior Reports* 3 (2021): 100088.

第七章　工作是具體可見的愛

本章改編與摘錄自以下文章和播客的觀點與段落：

Arthur C. Brooks, "Your Professional Decline Is Coming (Much) Sooner Than You Think," *The Atlantic*, July 2019; Arthur C. Brooks, "4 Rules for Identifying Your Life's Work," How to Build a Life, *The Atlantic,* May 21, 2020; Arthur C. Brooks, "Stop Keeping Score," How to Build a Life, *The Atlantic*, January 21, 2021; Arthur C. Brooks, "Go Ahead and Fail," How to Build a Life, *The Atlantic*, February 25, 2021; Arthur C. Brooks, "Here's 10,000 Hours. Don't Spend It All in One Place," How to Build a Life, *The Atlantic*, March 18, 2021; Arthur C. Brooks, "Are You Dreaming Too Big?" How to Build a Life, *The Atlantic*, March 25, 2021; Arthur C. Brooks, "The Hidden Toll of Remote Work," How to Build a Life, *The Atlantic*, April 1, 2021; Arthur C. Brooks, "The Best Friends Can Do Nothing for You," How to Build a Life, *The Atlantic*, April 8, 2021; Arthur C. Brooks, "The Link between Self-Reliance and Well-Being," How to Build a Life, *The Atlantic*, July 8, 2021; Arthur C. Brooks, "Plan Ahead. Don't Post," How to Build a Life, *The Atlantic*, June 24, 2021; Arthur C. Brooks, "The Secret to Happiness at Work," How to Build a Life, *The Atlantic*, September 2, 2021; Arthur C. Brooks, "A Profession Is Not a Personality," How to Build a Life, *The Atlantic*, September 30, 2021; Arthur C. Brooks, "The Hidden Link between Workaholism and Mental Health," How to Build a Life, *The Atlantic*, February 2, 2023; Rebecca Rashid and Arthur C. Brooks, "When Virtues Become Vices," interview with Anna Lembke, *How to Build a Happy Life*, podcast audio, 32:50, October 9, 2022; Rebecca Rashid and Arthur C. Brooks, "How to Spend Time on What You Value," interview with Ashley Whillans, *How to Build a Happy Life*, podcast audio, 34:24, October 23, 2022.

1. Timothy A. Judge and Shinichiro Watanabe, "Another Look at the Job Satisfaction–Life Satisfaction Relationship," *Journal of Applied Psychology* 78, no. 6 (1993): 939–48; Robert W. Rice, Janet P. Near, and Raymond G. Hunt, "The Job-Satisfaction/Life-Satisfaction Relationship: A Review of Empirical Research," *Basic and Applied Social Psychology* 1, no. 1 (1980): 37–64; Jeffrey S. Rain, Irving M. Lane, and Dirk D. Steiner, "A Current Look at the Job Satisfaction/Life Satisfaction Relationship: Review and Future Considerations," *Human Relations* 44, no. 3 (1991): 287–307.
2. Kahlil Gibran, "On Work," in *The Prophet* (New York: Alfred A. Knopf, 1923).
3. CareerBliss Team, "The CareerBliss Happiest 2021," CareerBliss, January 6, 2021.
4. Kimberly Black, "Job Satisfaction Survey: What Workers Want in 2022," *Virtual Vocations* (blog), February 21, 2022.
5. Michael Davern, Rene Bautista, Jeremy Freese, Stephen L. Morgan, and Tom W. Smith, General Social Surveys, 1972–2021 Cross-section, NORC, University of Chicago, 2018, gssdataexplorer.norc .org.

6. David G. Blanchflower, David N. F. Bell, Alberto Montagnoli, and Mirko Moro, "The Happiness Trade-off between Unemployment and Inflation," *Journal of Money, Credit and Banking* 46, no. S2 (2014): 117–41.
7. Mark R. Lepper, David Greene, and Richard E. Nisbett, "Undermining Children's Intrinsic Interest with Extrinsic Reward: A Test of the 'Overjustification' Hypothesis," *Journal of Personality and Social Psychology* 28, no. 1 (1973): 129–37.
8. Edward L. Deci, Richard Koestner, and Richard M. Ryan, "A Meta-analytic Review of Experiments Examining the Effects of Extrinsic Rewards on Intrinsic Motivation," *Psychological Bulletin* 125, no. 6 (1999): 627–68.
9. Jeannette L. Nolen, "Learned Helplessness," *Britannica*, last modified February 11, 2023.
10. Melissa Madeson, "Seligman's PERMA+ Model Explained: A Theory of Wellbeing," PositivePsychology.com, February 24, 2017; Esther T. Canrinus, Michelle Helms-Lorenz, Douwe Beijaard, Jaap Buitink, and Adriaan Hofman, "Self-Efficacy, Job Satisfaction, Motivation and Commitment: Exploring the Relationships between Indicators of Teachers' Professional Identity," *European Journal of Psychology of Education* 27, no. 1 (2012): 115–32.
11. Arthur C. Brooks, *Gross National Happiness: Why Happiness Matters for America—and How We Can Get More of It* (New York: Basic Books, April 22, 2008).
12. Philip Muller, "Por Qué Me Gusta Ser Camarero Habiendo Estudiado Filosofía," *El Comidista*, October 22, 2018. This author was a graduate student of Arthur's.
13. Ting Ren, "Value Congruence as a Source of Intrinsic Motivation," *Kyklos* 63, no. 1 (2010): 94–109.
14. Ali Ravari, Shahrzad Bazargan-Hejazi, Abbas Ebadi, Tayebeh Mirzaei, and Khodayar Oshvandi, "Work Values and Job Satisfaction: A Qualitative Study of Iranian Nurses," *Nursing Ethics* 20, no. 4 (2013): 448–58.
15. Mary Ann von Glinow, Michael J. Driver, Kenneth Brousseau, and J. Bruce Prince, "The Design of a Career Oriented Human Resource System," *Academy of Management Review* 8, no. 1 (1983): 23–32.
16. "The Books of Sir Winston Churchill," International Churchill Society, October 17, 2008.
17. Charles McMoran Wilson, 1st Baron Moran, *Winston Churchill: The Struggle for Survival, 1940–1965* (London: Sphere Books, 1968), 167.
18. Anthony Storr, *Churchill's Black Dog, Kafka's Mice, and Other Phenomena of the Human Mind* (London: Fontana, 1990).
19. Sarah Turner, Natalie Mota, James Bolton, and Jitender Sareen, "Self-Medication with Alcohol or Drugs for Mood and Anxiety Disorders: A Narrative Review of the Epidemiological Literature," *Depression and Anxiety* 35, no. 9 (2018): 851–60.
20. Rosa M. Crum, Lareina La Flair, Carla L. Storr, Kerry M. Green, Elizabeth A. Stuart, Anika A. H. Alvanzo, Samuel Lazareck, James M. Bolton, Jennifer Robinson, Jitender Sareen, and Ramin Mojtabai, "Reports of Drinking to Self-Medicate Anxiety

Symptoms: Longitudinal Assessment for Subgroups of Individuals with Alcohol Dependence," *Depression and Anxiety* 30, no. 2 (2013): 174–83.

21. Malissa A. Clark, Jesse S. Michel, Ludmila Zhdanova, Shuang Y. Pui, and Boris B. Baltes, "All Work and No Play? A Meta-analytic Examination of the Correlates and Outcomes of Workaholism," *Journal of Management* 42, no. 7 (2016): 1836–73; Satoshi Akutsu, Fumiaki Katsumura, and Shohei Yamamoto, "The Antecedents and Consequences of Workaholism: Findings from the Modern Japanese Labor Market," *Frontiers in Psychology* 13 (2022).
22. Lauren Spark, "Helping a Workaholic in Therapy: 18 Symptoms & Interventions," PositivePsychology.com, July 1, 2021.
23. Cecilie Schou Andreassen, Mark D. Griffiths, Rajita Sinha, Jørn Hetland, and Ståle Pallesen, "The Relationships between Workaholism and Symptoms of Psychiatric Disorders: A Large-Scale Cross-sectional Study," *PLoS One* 11, no. 5 (2016): e0152978.
24. Longqi Yang, David Holtz, Sonia Jaffe, Siddharth Suri, Shilpi Sinha, Jeffrey Weston, Connor Joyce, "The Effects of Remote Work on Collaboration among Information Workers," *Nature Human Behaviour* 6, no. 1 (2022): 43–54.
25. National Center for Health Statistics, "Anxiety and Depression: Household Pulse Survey," Centers for Disease Control and Prevention, www.cdc.gov/nchs/covid19/pulse/mental-health.htm.
26. Rashid and Brooks, "When Virtues Become Vices."
27. Clark et al., "All Work and No Play?"
28. Rashid and Brooks, "How to Spend Time."
29. Andreassen et al., "Relationships between Workaholism."
30. Carly Schwickert, "The Effects of Objectifying Statements on Women's Self Esteem, Mood, and Body Image" (bachelor's thesis, Carroll College, 2015).
31. Evangelia (Lina) Papadaki, "Feminist Perspectives on Objectification," Stanford Encyclopedia of Philosophy, December 16, 2019.
32. Lola Crone, Lionel Brunel, and Laurent Auzoult, "Validation of a Perception of Objectification in the Workplace Short Scale (POWS)," *Frontiers in Psychology* 12 (2021): 651071.
33. Dmitry Tumin, Siqi Han, and Zhenchao Qian, "Estimates and Meanings of Marital Separation," *Journal of Marriage and Family* 77, no. 1 (2015): 312–22.
34. Margaret Diddams, Lisa Klein Surdyk, and Denise Daniels, "Rediscovering Models of Sabbath Keeping: Implications for Psychological Well-being," *Journal of Psychology and Theology* 32, no. 1 (2004): 3–11.
35. Lauren Grunebaum, "Dreaming of Being Special," *Psychology Today*, May 16, 2011.

36. Arthur C. Brooks, "'Success Addicts' Choose Being Special over Being Happy," How to Build a Life, *The Atlantic*, July 30, 2020.
37. Josemaría Escrivá, *In Love with the Church* (Strongsville, OH: Scepter, 2017), 78.

第八章　找到你的奇異恩典

本章改編與摘錄以下文章的觀點與段落：

Arthur C. Brooks, "How to Navigate a Midlife Change of Faith," How to Build a Life, *The Atlantic*, August 13, 2020; Arthur C. Brooks, "The Subtle Mindset Shift That Could Radically Change the Way You See the World," How to Build a Life, *The Atlantic*, February 4, 2021; Arthur C. Brooks, "The Meaning of Life Is Surprisingly Simple," How to Build a Life, *The Atlantic*, October 21, 2021; Arthur C. Brooks, "Don't Objectify Yourself," How to Build a Life, *The Atlantic*, September 22, 2022; Arthur C. Brooks, "Mindfulness Hurts. That's Why It Works," How to Build a Life, *The Atlantic*, May 19, 2022; Arthur C. Brooks, "To Get Out of Your Head, Get Out of Your House," How to Build a Life, *The Atlantic*, August 11, 2022; Arthur C. Brooks, "How to Make Life More Transcendent," How to Build a Life, *The Atlantic*, October 27, 2022; Arthur C. Brooks, "How Thich Nhat Hanh Taught the West about Mindfulness," *Washington Post*, January 22, 2022; Rebecca Rashid and Arthur C. Brooks, "How to Be Self-Aware," interview with Dan Harris, *How to Build a Happy Life*, podcast audio, 36:22, October 5, 2021; Rebecca Rashid and Arthur C. Brooks, interview with Ellen Langer, "How to Know That You Know Nothing," *How to Build a Happy Life*, podcast audio, 37:45, October 26, 2021.

1. Cary O'Dell, "'Amazing Grace'—Judy Collins (1970)," Library of Congress, www.loc.gov/static/programs/national-recording-preserva tion-board/documents/AmazingGrace.pdf.
2. Steve Turner, *Amazing Grace: The Story of America's Most Beloved Song* (New York: HarperCollins, 2009); "The Creation of 'Amazing Grace,'" Library of Congress, www.loc.gov/item/ihas.200149085.
3. Lisa Miller, Iris M. Balodis, Clayton H. McClintock, Jiansong Xu, Cheryl M. Lacadie, Rajita Sinha, and Marc N. Potenza, "Neural Correlates of Personalized Spiritual Experiences," *Cerebral Cortex* 29, no. 6 (2019): 2331–8.
4. Michael A. Ferguson, Frederic L. W. V. J. Schaper, Alexander Cohen, Shan Siddiqi, Sarah M. Merrill, Jared A. Nielsen, Jordan Grafman, Cosimo Urgesi, Franco Fabbro, and Michael D. Fox, "A Neural Circuit for Spirituality and Religiosity Derived from Patients with Brain Lesions," *Biological Psychiatry* 91, no. 4 (2022): 380–8.

5. Mario Beauregard and Vincent Paquette, "EEG Activity in Carmelite Nuns during a Mystical Experience," *Neuroscience Letters* 444, no. 1 (2008): 1–4.
6. Masaki Nishida, Nobuhide Hirai, Fumikazu Miwakeichi, Taketoshi Maehara, Kensuke Kawai, Hiroyuki Shimizu, and Sunao Uchida, "Theta Oscillation in the Human Anterior Cingulate Cortex during All-Night Sleep: An Electrocorticographic Study," *Neuroscience Research* 50, no. 3 (2004): 331–41.
7. Andrew A. Abeyta and Clay Routledge, "The Need for Meaning and Religiosity: An Individual Differences Approach to Assessing Existential Needs and the Relation with Religious Commitment, Beliefs, and Experiences," *Personality and Individual Differences* 123 (2018): 6–13.
8. Lisa Miller, Priya Wickramaratne, Marc J. Gameroff, Mia Sage, Craig E. Tenke, and Myrna M. Weissman, "Religiosity and Major Depression in Adults at High Risk: A Ten-Year Prospective Study," *American Journal of Psychiatry* 169, no. 1 (2012): 89–94; Michael Inzlicht and Alexa M. Tullett, "Reflecting on God: Religious Primes Can Reduce Neurophysiological Response to Errors," *Psychological Science* 21, no. 8 (2010): 1184–90.
9. Tracy A. Balboni, Tyler J. VanderWeele, Stephanie D. Doan-Soares, Katelyn N. G. Long, Betty R. Ferrell, George Fitchett, and Harold G. Koenig, "Spirituality in Serious Illness and Health," *JAMA* 328, no. 2 (2022): 184–97.
10. Jesse Graham and Jonathan Haidt, "Beyond Beliefs: Religions Bind Individuals into Moral Communities," *Personality and Social Psychology Review* 14, no. 1 (2010): 140–50.
11. Monica L. Gallegos and Chris Segrin, "Exploring the Mediating Role of Loneliness in the Relationship between Spirituality and Health: Implications for the Latino Health Paradox," *Psychology of Religion and Spirituality* 11, no. 3 (2019): 308–18.
12. Thích Nhất Hạnh, *The Miracle of Mindfulness: An Introduction to the Practice of Meditation* (Boston: Beacon Press, 1996), 6.
13. Kendra Cherry, "Benefits of Mindfulness," VeryWell Mind, September 2, 2022.
14. Michael D. Mrazek, Michael S. Franklin, Dawa Tarchin Phillips, Benjamin Baird, and Jonathan W. Schooler, "Mindfulness Training Improves Working Memory Capacity and GRE Performance While Reducing Mind Wandering," *Psychological Science* 24, no. 5 (2013): 776–81.
15. Martin E. P. Seligman, Peter Railton, Roy F. Baumeister, and Chandra Sripada, *Homo Prospectus* (Oxford, UK: Oxford University Press, 2016).
16. Jonathan Smallwood, Annamay Fitzgerald, Lynden K. Miles, and Louise H. Phillips, "Shifting Moods, Wandering Minds: Negative Moods Lead the Mind to Wander," *Emotion* 9, no. 2 (2009): 271–6.
17. Kyle Cease, *I Hope I Screw This Up: How Falling in Love with Your Fears Can Change the World* (New York: Simon &

Schuster, 2017); Tiago Figueiredo, Gabriel Lima, Pilar Erthal, Rafael Martins, Priscila Corção, Marcelo Leonel, Vanessa Ayrão, Dídia Fortes, and Paulo Mattos, "Mind-Wandering, Depression, Anxiety and ADHD: Disentangling the Relationship," *Psychiatry Research* 285 (2020): 112798; Miguel Ibaceta and Hector P. Madrid, "Personality and Mind-Wandering Self-Perception: The Role of Meta-Awareness," *Frontiers in Psychology* 12 (2021): 581129; Shane W. Bench and Heather C. Lench, "On the Function of Boredom," *Behavioral Sciences* 3, no. 3 (2013): 459–72.

18. Neda Sedighimornani, "Is Shame Managed through Mind-Wandering?" *Europe's Journal of Psychology* 15, no. 4 (2019): 717–32.
19. Smallwood et al., "Shifting Moods."
20. Heidi A. Wayment, Ann F. Collier, Melissa Birkett, Tinna Traustadóttir, and Robert E. Till, "Brief Quiet Ego Contemplation Reduces Oxidative Stress and Mind-Wandering," *Frontiers in Psychology* 6 (2015): 1481.
21. Hạnh, *Miracle of Mindfulness*; Anonymous 19th Century Russian Peasant, *The Way of a Pilgrim and The Pilgrim Continues on His Way: Collector's Edition* (Magdalene Press, 2019).
22. Lauren A. Leotti, Sheena S. Iyengar, and Kevin N. Ochsner, "Born to Choose: The Origins and Value of the Need for Control," *Trends in Cognitive Sciences* 14, no. 10 (2010): 457–63; Amitai Shenhav, David G. Rand, and Joshua D. Greene, "Divine Intuition: Cognitive Style Influences Belief in God," *Journal of Experimental Psychology: General* 141, no. 3 (2012): 423–8.
23. Mary Kekatos, "The Rise of the 'Indoor Generation': A Quarter of Americans Spend Almost All Day Inside, New Figures Reveal," *DailyMail.com*, May 15, 2018.
24. Outdoor Foundation, *2019 Outdoor Participation Report*, Outdoor Industry Association, 2020.
25. "Global Survey Finds We're Lacking Fresh Air and Natural Light, as We Spend Less Time in Nature," Velux Media Centre, May 21, 2019.
26. Wendell Cox Consultancy, "US Urban and Rural Population: 1800–2000," Demographia.
27. Howard Frumkin, Gregory N. Bratman, Sara Jo Breslow, Bobby Cochran, Peter H. Kahn Jr., Joshua J. Lawler, and Phillip S. Levin, "Nature Contact and Human Health: A Research Agenda," *Environmental Health Perspectives* 125, no. 7 (2017): 075001; Nielsen, *The Nielsen Total Audience Report: Q1 2016* (New York: Nielsen Company, 2016).
28. Gregory N. Bratman, Gretchen C. Daily, Benjamin J. Levy, and James J. Gross, "The Benefits of Nature Experience: Improved Affect and Cognition," *Landscape and Urban Planning* 138 (2015): 41–50.
29. F. Stephan Mayer, Cynthia McPherson Frantz, Emma Bruehlman-Senecal, and Kyffin Dolliver, "Why Is Nature Beneficial? The Role of Connectedness to Nature," *Environment and Behavior* 41, no. 5 (2009): 607–43.
30. Henry David Thoreau, "Walking," *The Atlantic*, June 1862.

31. Adam Alter, "How Nature Resets Our Minds and Bodies," *The Atlantic*, March 29, 2013.
32. Kenneth P. Wright Jr., Andrew W. McHill, Brian R. Birks, Brandon R. Griffin, Thomas Rusterholz, and Evan D. Chinoy, "Entrainment of the Human Circadian Clock to the Natural Light-Dark Cycle," *Current Biology* 23, no. 16 (2013): 1554–8.
33. Wendy Menigoz, Tracy T. Latz, Robin A. Ely, Cimone Kamei, Gregory Melvin, and Drew Sinatra, "Integrative and Lifestyle Medicine Strategies Should Include Earthing (Grounding): Review of Research Evidence and Clinical Observations," *Explore* 16, no. 3 (2020): 152–160.
34. 這是根據與亞瑟的對話。
35. C. S. Lewis, *Mere Christianity* (London: Geoffrey Bles, 1952).

結語　現在，輪到你當老師了

本章改編與摘錄以下文章的觀點與段落：

Arthur C. Brooks, "The Kind of Smarts You Don't Find in Young People," How to Build a Life, *The Atlantic*, March 3, 2022.

1. Safiye Temel Aslan, "Is Learning by Teaching Effective in Gaining 21st Century Skills? The Views of Pre-Service Science Teachers," *Educational Sciences: Theory & Practice* 15, no. 6 (2015).
2. John A. Bargh and Yaacov Schul, "On the Cognitive Benefits of Teaching," *Journal of Educational Psychology* 72, no. 5 (1980): 593–604.
3. Richard E. Brown, "Hebb and Cattell: The Genesis of the Theory of Fluid and Crystallized Intelligence," *Frontiers in Human Neuroscience* 10 (2016): 606; Alan S. Kaufman, Cheryl K. Johnson, and Xin Liu, "A CHC Theory-Based Analysis of Age Differences on Cognitive Abilities and Academic Skills at Ages 22 to 90 Years," *Journal of Psychoeducational Assessment* 26, no. 4 (2008): 350–81; Arthur C. Brooks, *From Strength to Strength: Finding Success, Happiness, and Deep Purpose in the Second Half of Life* (New York: Portfolio, 2022).
4. Martin Luther King Jr., "Loving Your Enemies" (sermon, Dexter Avenue Baptist Church, Montgomery, AL, November 17, 1957).

國家圖書館出版品預行編目(CIP)資料

打造你要的人生 / 亞瑟．布魯克斯（Aryhur C. Brooks），歐普拉．溫弗蕾（Oprah Winfrey）著；鍾玉玨譯. -- 初版. -- 臺北市：城邦文化事業股份有限公司商業周刊, 2024.01
面； 公分
譯自：Build the life you want: the art science of getting happier.
ISBN 978-626-7366-53-0(平裝)

1.CST: 自我實現 2.CST: 成功法

177.2 113000087

打造你要的人生

作者	亞瑟・布魯克斯Arthur C. Brooks、 歐普拉・溫弗蕾Oprah Winfrey
譯者	鍾玉玨
商周集團執行長	郭奕伶
商業周刊出版部	
責任編輯	林雲
封面設計	winder chen
內頁排版	林婕瀅
校對	呂佳真
出版發行	城邦文化事業股份有限公司 - 商業周刊
地址	115020 台北市南港區昆陽街16號6樓 電話：(02)2505-6789　傳真：(02)2503-6399
讀者服務專線	(02)2510-8888
商周集團網站服務信箱	mailbox@bwnet.com.tw
劃撥帳號	50003033
戶名	英屬蓋曼群島商家庭傳媒股份有限公司城邦分公司
網站	www.businessweekly.com.tw
香港發行所	城邦（香港）出版集團有限公司 香港灣仔駱克道193號東超商業中心1樓 電話：（852）25086231 傳真：（852）25789337 E-mail：hkcite@biznetvigator.com
製版印刷	中原造像股份有限公司
總經銷	聯合發行股份有限公司 電話：（02）2917-8022
初版1刷	2024年1月
初版6.5刷	2024年4月
定價	台幣420元
ISBN	978-626-7366-53-0（平裝）
EISBN	19786267366516（PDF） 9786267366523（EPUB）

紅沙龍

Try not to become a man of success but rather to become a man of value.
~Albert Einstein (1879 - 1955)

毋須做成功之士，寧做有價值的人。—— 科學家　亞伯・愛因斯坦